浙江理工大学学术著作出版资金资助

U0606243

中国原料奶价格波动：
机理与实证研究

ZHONGGUO YUANLIAONAI JIAGE BODONG:
JILI YU SHIZHENG YANJIU

王倩倩 著

中国农业出版社
北 京

图书在版编目（CIP）数据

中国原料奶价格波动：机理与实证研究 / 王倩倩著.
北京：中国农业出版社，2025. 2. -- ISBN 978-7-109
-33092-4

Ⅰ. F724.782

中国国家版本馆 CIP 数据核字第 2025Y9E623 号

中国原料奶价格波动：机理与实证研究
ZHONGGUO YUANLIAONAI JIAGE BODONG：JILI YU SHIZHENG YANJIU

中国农业出版社出版

地址：北京市朝阳区麦子店街 18 号楼
邮编：100125
责任编辑：于 博 姚 佳
版式设计：王 晨 责任校对：张雯婷
印刷：北京中兴印刷有限公司
版次：2025 年 2 月第 1 版
印次：2025 年 2 月北京第 1 次印刷
发行：新华书店北京发行所
开本：720mm×960mm 1/16
印张：9.5
字数：170 千字
定价：78.00 元

前言 ////////////
FOREWORD

牛奶是大自然为人类酿造的琼浆玉露，是最接近完美的食物，由于其在增强人体免疫力、保障健康方面的功效受到了广泛的关注，尤其是新冠肺炎疫情以来，喝牛奶又成为全民热议的话题。奶业的发展关系国民健康、民生保障与民族未来，意义重大。改革开放以来，中国奶业取得了巨大的成就，仅用三四十年的时间就走完了发达国家上百年走过的发展历程，一跃成为奶业大国。但在中国奶业高速发展的过程中，也存在各种隐患，2008年爆发的震惊全国的三聚氰胺事件将中国奶业发展的隐患暴露出来，成为奶业发展史上的重要拐点。在政府与社会各界的共同努力下，通过对奶业的整顿和监管，中国原料奶及乳制品质量安全发生了革命性的变化，目前正处于历史最好水平。随着乳品质量安全水平不断提高，中国奶业迈进全面振兴的新时期，奶业的发展也由数量型向高质量发展转变。

奶牛养殖业作为奶业的上游及基础环节，是推进奶业振兴的关键与保障。从供给侧及生产的角度看，提高原料奶产量及奶业自给率是实现奶业全面振兴的重要途径。2021年中国国民经济和社会发展"十四五"规划明确指出"保障粮、棉、油、糖、肉、奶等重要农产品供给安全"，其中"奶"首次被列为需要保障供给安全的"重要农产品"。对照目标要求，如何稳步提升原料奶生产成为我们必须回答的问题，而稳定生产最重要的途径就是降低市场风险并实现奶农收益的稳定增长。近年来，中国原料奶价格经历多次大幅度波动，"奶贱伤农、奶贵伤民"的困局频繁出现，尽管价格波动是农产品市场的基本特征，但超出预期或异于常态的大幅度波动，是影响生产及造成产业发展不稳定的重要因素。鉴于此，围绕中国原料奶价格波动进行相关的机理与实证研究具有重要的理论与实践意义。

本书旨在对中国原料奶价格波动进行全面的解读，以帮助读者深入理解中国原料奶价格波动的基本特征、内在动因及平抑路径。事实上，相对于美国等发达国家对原料奶产业较为成熟的研究，中国原料奶产业受制于数据统计体系及传统饮食结构偏好的原因，呈现出研究广度及深度均不足的现象。而随着国民饮食结构的升级和庞大需求潜力的释放，原料奶产业已经成为中国国家政策支持的基本民生产业，故此对中国原料奶产业的相关研究是农业经济领域学者们不可推卸的责任。

　　本书的出版得到了教育部人文社会科学研究青年基金项目（项目编号：23YJC790138）、浙江理工大学学术著作出版资金资助（2024 年度）的支持，在此表示衷心的感谢。同时，本书能够顺利与读者见面，中国农业出版社也给予了大力的支持，在此一并致谢！

王倩倩

2024 年 11 月

目 录 ///////////
CONTENTS

第1章　导　　论

1.1　研究背景与意义

牛奶作为世界公认的自然界最接近完美的食物，富含脂肪、蛋白质、维生素和矿物质等营养物质，被誉为"白色血液"。自从改革开放以来，中国奶业取得了史无前例的发展，从一个典型的奶业贫国发展成为现在的奶业大国，取得了令人瞩目的成就。《2020中国奶业统计摘要》数据显示，2018年奶牛存栏量与奶类总产量达到了1 037.7万头与3 176.8万t，相比于1978年奶牛存栏量的47.5万头与奶类总产量的97.1万t，分别增长了20.85倍与31.72倍。中国奶业的实践证明，发展奶业对改善居民膳食结构、调整农村产业结构、促进农民增收及全面建成小康社会具有重要的意义。近年来，国家高度重视奶业的发展，2016年农业部等五部门联合印发《全国奶业发展规划（2016—2020年）》首次对奶业发展的战略地位进行了明确，指出"奶业是健康中国、强壮民族不可或缺的产业，是食品安全的代表性产业，是农业现代化的标志性产业，是一二三产业协调发展的战略性产业"。此外，中央1号文件多次对奶业发展提出要求并指明方向：2017年中央1号文件提出"全面振兴奶业"，2018年中央1号文件强调"做大做强民族奶业"，2019年中央1号文件指出"实施奶业振兴行动"，2021年中央1号文件再次指出"继续实施奶业振兴行动"。因此，推进奶业振兴是未来中国奶业实现可持续发展的重要路径。

奶牛养殖业作为奶业的上游产业与基础环节，是推进奶业供给侧结构性改革的重点及振兴奶业的关键。做大做强民族奶业意味着要把"奶瓶子"牢牢掌握在中国人自己手里，喝中国自己的奶。因此，夯实奶牛养殖业与推进奶源基地的建设成为发展民族奶业的重要保障。2018年，《国务院办公厅关于推进奶业振兴保障乳品质量安全的意见》提出，到2020年奶源自给率保持在70%以上。同年，农业农村部等九部门联合印发《关于进一步促进奶业振兴的若干意见》提出，力争到2025年全国奶类产量达到4 500万t。提高奶源自给率及奶类供给能力最重要的就是通过稳定提升原料奶价格来保障奶农收益，从而提高奶牛养殖的积极性。

但近年来，特别是三聚氰胺事件发生以后，中国奶牛养殖业频频出现的"倒奶杀牛"与"哄抢奶源"交替发生的现象引发了原料奶价格的暴涨暴跌。其原因主要有两个方面。一方面，从国内产业链联结机制来看，乳制品企业与奶农紧密的利益联结机制不完善，养殖业与加工业脱节现象普遍，奶农在原料奶价格谈判中缺乏话语权，不能合理分享产业增值带来的收益却承担了最大的风险，可以说中国尚未完全建立保障奶农利益的原料奶价格形成机制（张利庠，2009；张喜才和张利庠，2010；马彦和孙永珍，2017）。另一方面，从国外市场的影响来看，中国乳制品关税低，只有世界平均水平的五分之一，特别是《中新自贸协定》与《中澳自贸协定》生效以来，中国乳制品关税逐年减让，导致大量国外乳制品涌入国内市场①。2008 年到 2018 年，中国乳制品进口量从 38.7 万 t 增长到 263.5 万 t，年均增长率高达 21.15％。进口的乳制品尤其是奶粉挤占了国内原料奶市场，国内奶牛养殖业在发展尚未成熟的情况下就暴露在高度开放的市场中，国际市场上乳制品价格的轻微波动都可能对中国原料奶价格产生较大的影响。在"内外夹击"的境地下，中国原料奶价格频频陷入暴涨暴跌的周期怪圈。

由于国内乳制品需求的持续上升及国际原料奶供应紧张等原因，中国原料奶价格从 2007 年开始大幅上涨（曹志军和李胜利，2008）。《中国奶业年鉴》数据显示，国内原料奶价格从 2007 年 1 月的 1.93 元/kg 增长到 2008 年 3 月的 2.93 元/kg，随后受三聚氰胺事件的影响，原料奶价格持续下跌，并于 2009 年 8 月跌至 2.31 元/kg。此后，中国原料奶价格强势上扬，并在 2014 年 2 月达到 4.26 元/kg 的历史最高峰，之后受国际市场乳制品价格下跌等因素的影响，原料奶价格开始回落至 2015 年 4 月的 3.4 元/kg，此后到 2020 年一直在 3.3~3.9 元/kg 区间内震荡波动。由此可见，在近十年内中国原料奶价格波动剧烈频繁。

无论是发达国家还是发展中家，农产品价格波动可以说是农村家庭面临的最重要风险之一，稳定国内农产品价格成为各国农业宏观调控的重要内容。原料奶作为特殊的农产品，具有很强的易腐特性，如果不能及时销售将会引起倒奶行为，加剧原料奶价格的波动。同时，原料奶价格的波动容易触发奶农生产行为的不稳定性，反过来也会加大原料奶价格的波动。可见，原料奶价格较大波动给中国奶牛养殖业带来严峻的挑战。

---

① 资料来源：全国奶业发展规划（2016—2020 年）。

三聚氰胺事件发生十多年后的今天，在党和政府及社会各界的共同奋斗下，中国原料奶质量在多项标准上已经达到世界先进水平，食品质量安全问题已经基本得到了解决，国产奶可以放心饮用①。而现在中国奶业面临的最主要问题是产业发展的问题，尤其是上游奶牛养殖的问题。当前，中国处于打好奶业振兴攻坚战的重要时期，保障奶源自给率及原料奶供给目标的实现倒逼我们必须关注原料奶价格波动的问题。

在上述背景下，判别中国原料奶价格波动的影响因素与特征，探究原料奶价格波动的国内外传导机制，研究能够平抑价格波动的路径，对于保护奶牛养殖业、稳定中国原料奶生产、做大做强民族奶业及全面振兴奶业具有十分重要的意义。从理论上，本书的研究进一步拓展了供需理论、蛛网理论、理性预期理论及市场失灵理论在易腐特性农产品上的应用，为原料奶价格波动机理及市场均衡供应研究提供重要的理论借鉴。从实践上看，基于实证的研究探寻出中国原料奶价格波动的重要影响因素及其传导机理，同时检验规模对价格平稳的作用机制，为中国原料奶市场及奶业的宏观调控决策提供现实依据，对促进奶牛养殖业的健康发展具有深远的实践意义。

1.2　问题的提出

原料奶价格波动作为奶牛养殖面临的最主要市场风险，也是保障奶业生产的核心问题。针对中国原料奶价格波动议题，本书沿着提出问题、分析问题与解决问题的研究思路，重点考察中国原料奶价格波动的规律与特征是什么，国内外推动源是如何通过传导发挥作用的，稳定价格可以采取哪些途径与实践。提出的主要研究问题如下：

（1）中国原料奶价格波动的特征问题。原料奶价格本身展现出的规律即季节性、趋势性、周期性与不规则性等显性特征是什么？在纳入一些控制变量以剥离相关影响因素后，原料奶价格波动是否有集簇性、风险性与非对称性等一些隐性特征？

（2）中国原料奶价格波动的传导问题。从国内来看，在产业链利益联结机制不完善的现实及乳制品加工企业（乳企）主导利益分配格局下，代表奶农利益的原料奶价格波动与代表乳企利益的奶制品零售价格波动之间是否存在传导性？垂直传导是否具有非对称性？如存在，造成非对称性传导的原因是什么？从国外看，在对国外乳制品尤其是奶粉进口大量增加的现状下，国际市场对中

---

① 资料来源：《2019 中国奶业质量报告》。

国原料奶市场是否存在价格波动溢出效应？不同的奶粉品种是否具有相同的作用效果？

（3）平抑中国原料奶价格波动的问题。中国政府大力支持并鼓励奶牛标准化及规模化养殖，随着中国奶牛养殖规模化的推进，养殖规模化与价格波动存在着什么样的关系？什么样的养殖规模化有利于原料奶价格的稳定？是否规模越大越能平抑原料奶价格的波动？为了避免原料奶价格的大起大落，稳定原料奶的市场供应，国内一些省（市）逐步推行原料奶价格协调机制，其价格协商机制的发展历程是怎么样的？原料奶交易参考价格是如何产生的？分别具有哪些经验与特点？各省（市）价格协商机制具有哪些差异性？

1.3 研究目标与内容

1.3.1 研究目标

本研究旨在探讨中国原料奶价格波动的机理，并通过实证的手段对原料奶价格波动的作用机制进行检验。具体而言，首先探究了中国原料奶价格波动的规律及显性特征，并在探讨影响原料奶价格波动的因素基础上，揭示中国原料奶价格波动的隐性特征；在原料奶产业链传导机制与国外市场的溢出效应基础上，探寻原料奶价格波动的国内外传导机理与影响效果；从养殖规模化的视角检验不同的养殖规模化对平抑价格波动的作用机制，并对一些省（市）通过原料奶价格协商机制来调控原料奶价格波动的实践进行论述与对比。

1.3.2 研究内容

为了实现以上研究目标，本书的主要研究内容分为以下9章：

第1章，导论。本章首先指出了本书的研究背景与意义，在此基础上提出了研究的问题，并对研究目标、研究内容、研究方法、技术路线以及可能的创新与主要的不足进行介绍与说明。

第2章，文献回顾与理论基础。本章首先界定原料奶产业相关概念并对价格波动的主要度量方法进行了回顾与介绍；其次回顾并梳理了本研究的基本理论，包括供需理论、蛛网模型理论、理性预期理论和市场失灵理论；然后对国内外农产品价格波动的相关文献进行综述与评述；最后构建起一个简单的基本分析框架，进一步清晰后续的研究路径。

第3章，中国原料奶产业发展概况与价格波动影响因素分析。首先，对中国原料奶产业的发展历程和原料奶生产面临的主要挑战进行了总结与剖析；其次，从理论层次上剖析了中国原料奶价格波动主要的影响因素，包括了国内供给、市场需求、国际贸易、制度性与突发事件五大因素，为后续研究中根据研究目标剥离出一些可量化的影响因素进行详细剖析奠定基础。

第 4 章，中国原料奶价格波动规律与特征分析。首先，基于分解法将中国原料奶价格波动分解为季节性要素、周期性要素、趋势性要素、不规则性要素，直观展示出原料奶价格波动的显性特征；其次，在对中国原料奶价格波动的影响因素基础上，利用自回归条件异方差模型，探讨中国原料奶价格波动的集簇性、风险性与非对称性的隐性特征。

第 5 章，产业链利益分配格局下的中国原料奶价格波动传导。本章首先界定了价格波动传导的概念，在此基础上对中国原料奶与乳制品价格波动传导的机理进行了分析并提出研究假说；然后利用向量自回归模型与门限向量自回归模型，对中国原料奶产业链价格波动的垂直传导进行了实证检验，并对导致波动传导非对称的原因进行了讨论。

第 6 章，开放背景下的国际市场对中国原料奶市场波动溢出效应。本章首先研究中国奶粉进口贸易结构与价格波动溢出机制；然后在此基础上利用多变量自回归条件异方差模型，实证研究了国际奶粉价格波动对中国原料奶市场的波动溢出效应即价格波动的空间传导。

第 7 章，中国原料奶价格波动平抑效应：基于养殖规模化的视角。本章首先介绍了中国奶牛养殖规模结构演化并对不同养殖规模化对原料奶波动溢出作用机理进行了分析；然后，利用固定效应模型研究了养殖规模化对中国原料奶价格波动的平抑效应，重点探讨了不同养殖规模化作用的差异性。

第 8 章，稳定原料奶价格的各地实践：原料奶价格协商机制。本章对上海市、黑龙江省、山东省和河北省等四省（市）通过价格协商机制在稳定原料奶价格波动方面的实践作出了介绍，并从发展历程、价格的产生、经验与特点等方面进行了剖析；最后进行了对比并总结了成就与不足。

第 9 章，主要结论与政策建议。总结本研究的主要结论，并提出了相应的政策建议。

1.4　研究方法与技术路线

1.4.1　研究方法

本研究遵循问题导向的原则，主要采用的研究方法有：

（1）文献资料研究法

文献检索与学习是开展一项研究最基础的研究方法，目的是通过文献学习了解相关领域的研究现状、存在的空白领域和可以改进及深入的内容，以探寻共性并提出本研究的贡献。本书梳理并阅读了国内外大量关于农产品价格波动研究的文献，归纳现有文献脉络并找出可进一步研究的领域及研究的空白之处，为本研究提供了参考借鉴及寻找新的切入点提供了启示。此外，本研究搜集了原料奶产业相关的统计数据，主要包括了各类统计年鉴、农业农村部、商务部等网站、国外官网数据、中国奶业协会编发的专报及各地方政府的相关文件等，对原料奶产业有了深入及全面的了解，并对中国原料奶产业的现状利用数据进行了描述性分析。

（2）计量经济学模型方法

计量经济学模型方法为代表的经验实证已经成为国内经济学理论研究和实际经济分析的主流方法（李子奈和齐良书，2010）。在中国原料奶价格波动规律与特征部分，本研究采用了 Census X13 季节调整与 H－P 滤波的分解方法，研究了中国原料奶价格波动的周期性规律；同时采用了 GARCH 类模型探讨了中国原料奶价格波动的集簇性、高风险高收益性及非对称性特征。在产业链价格波动垂直传导部分，本研究采用了 VAR 模型探讨了中国原料奶价格波动与牛奶价格波动的传导，并利用 TVAR 模型进行了非线性检验。在国内外价格波动空间传导部分，本研究采用了 BEKK－GARCH 模型对国际奶粉对中国原料奶价格波动的溢出效应进行了研究。在中国原料奶价格波动平抑效应方面，本研究使用省级面板数据利用固定效应回归模型对数据进行分析，同时进行了稳健性检验。在数据处理方面，本研究综合使用了 Eviews、Stata、Win-RATS 与 R 等软件来实现假设检验与数据分析。

（3）案例研究方法

案例研究方法作为一种主要的社会科学研究法，适合回答"为什么"和"怎么回事"的问题，案例研究通过搜集事物的客观资料，并用归纳或解释的方式得到知识，是一种经验性的研究方法（孙海法等，2004）。此外，案例分析作为一种独特的实证调查形式，广泛应用于各类社会学科的研究（Yin，2014；Ellinger and McWhorter，2016），也属于实证的研究方法（Mitchell and Bernauer，1998；Powner，2015；常伟，2009）。在本研究中，为了探讨各省（市）为避免原料奶价格大起大落的做法，对上海市、黑龙江省、山东省与河北省四个省（市）的原料奶价格协商机制案例进行了详细剖析与总结。通过探索稳定原料奶价格的各地实践，为中国其他省（市）建立或完善原料奶价格协商机制提供经验与参考。

1.4.2　技术路线

具体的技术路线如图 1.1 所示：

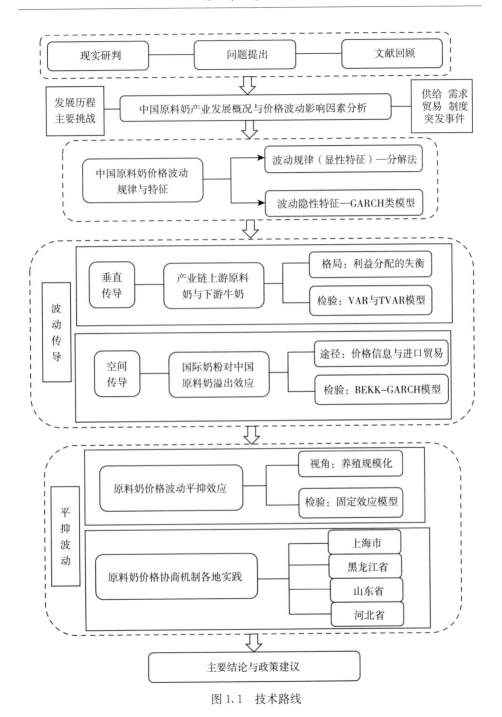

图 1.1　技术路线

1.5 可能的创新与不足

1.5.1 可能的创新

农产品价格波动作为学者、政府及业界关注的热点课题，前辈学者进行了丰富的研究，本研究在借鉴前人研究的基础上，对中国原料奶的价格波动进行了系统的研究，可能的边际创新有以下几点：

（1）在研究视角方面，本研究主要的拓展表现在以下几点。第一，在考察中国原料奶价格波动特征时，将波动特征分为了显性特征与隐性特征，从多视角对中国原料奶价格波动的规律与特征进行了探讨；第二，将进口乳制品划分为短缺消费型与价差替代型，并指出对原料奶产业影响最大与最直接的是价差替代型的乳制品；第三，在对平抑原料奶价格波动方面，本研究从规模养殖化的视角揭示出能够平抑价格波动的养殖规模，为中国政府在养殖规模方面的扶持政策转变提供依据与参考。

（2）在研究内容方面，现有研究对原料奶价格波动的传导主要关注某一方面，而中国原料奶价格波动是在国内外环境综合作用下产生的，为了全面把握国内外的影响，本研究在原料奶价格波动传导中将产业链的垂直传导与国外市场的空间传导两个方面都纳入研究系统中，综合判断出影响中国原料奶价格波动的国内外因素与动因。

（3）在研究方法方面，本研究利用月度、周度等高频观测数据构建出了包括周度、双周、月度及年度多类型、多层次的研究数据对原料奶价格波动展开了多维度的计量经济模型研究。在考察中国原料奶价格波动的集簇性等特征方面，本研究在构建自回归分布滞后模型即扩展的均值方程的基础上，同时扩展了条件方差方程，通过扩展的 GARCH 类模型对原料奶价格波动的自身特征进行了研究。

1.5.2 不足之处

由于数据、资料及能力等方面的制约，本研究不可避免地存在一些不足：

第一，本研究所采用的数据是包括国家层面和省级层面的时间序列数据，且所有的数据为了获取更多的样本量采用的是周度、双周或月度的高频数据。但中国开展关于奶业相关的数据统计时间较晚，与美国可对原料奶价格追溯百年的数据相比（Novakovic，2009），本研究获取中国原料奶的价格数据仅为近一二十年内，能够反映的价格波动特征有限，未来随着国家对奶业及相关产业数据统计工作的广泛开展，可对不同时间尺度下的价格特征的差异性进行深入研究，同时延展出价格波动的多维度与更深入的研究。

第二，本研究由于采用宏观层面的价格数据，无法反映出微观群体决策的异质性。当然，价格波动天然带有时间维度的属性，几次的调研难以获取到完整的时间序列数据，未来的研究需要结合对微观层面的长期追踪数据，以更好地捕捉微观群体面对原料奶价格波动采取行为决策的异质性。

第三，中国奶业原料奶涉及关联产业较多，其影响因素复杂并且多变，但在本书研究中，我们仅对几个数据可获取且认为关键的影响因素进行了分析，在未来的研究中随着数据资料的完善可以加入更多的因素尝试进行分析。

1.6　分析框架

本研究从现实背景出发，针对中国原料奶价格波动议题提出了具有理论与实践意义的研究问题。而后在问题的基础上利用相关理论系统对原料奶价格波动进行了研究，试图解答原料奶价格波动呈现的特征、导致价格波动的国内外因素及稳定原料奶价格的途径与实践。根据研究内容，主要从波动特征、波动传导、平抑波动三个维度上进行具体分析，基本的研究框架简化为图 1.2。

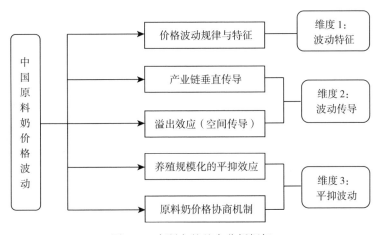

图 1.2　本研究的基本分析框架

具体而言，分析框架主要包括以下几个部分的内容：

第一，中国原料奶价格波动的特征，即本书的第 4 章内容。认识特征是开展价格波动相关研究首要的任务。一方面，本研究从价格的时间序列形态对中国原料奶价格波动的季节性、趋势性、周期性与不规则性等规律进行了分解与探讨，明确原料奶价格波动呈现出的显性特征。另一方面，在剥离一些影响因素后，对中国原料奶价格波动的集簇性、高风险高收益性与非对称性等隐性特征进行了研究，从显性与隐性两个角度全面探究了中国原料奶价格波动的特征。

第二，中国原料奶价格波动传导的研究，即本书的第5章和第6章内容。分别从需求与贸易的因素来探讨推动原料奶价格波动的原因。首先，在中国奶业产业链中，奶农处于弱势地位，利益分配处于失衡的态势，乳企作为原料奶的需求者，乳制品的价格波动可能会通过乳企直接影响原料奶的价格波动。因此我们从国内产业链垂直传导的角度，以影响原料奶价格波动市场需求因素中的乳制品价格波动为研究对象，剖析其与原料奶价格波动的作用机理，并进行实证检验。其次，随着中国奶制品对外开放程度的不断扩大，奶制品的对外依存度较高，大量的进口乳制品必然对国内原料奶产业造成一定的影响。因此，本研究从国内外市场空间传导的角度，重点探讨影响原料奶价格波动国际贸易因素中的奶粉价格波动，研究其对原料奶价格波动的作用机理，同时也进行了实证检验。

第三，平抑中国原料奶价格波动的研究，即本书的第7章和第8章内容。主要从养殖规模化与价格干预的视角研讨能够稳定原料奶价格的途径与实践，首先，在中国政府对奶牛规模养殖的大力扶持下，规模化养殖加速推进，原料奶产业集中度已经得到了大幅提升，规模化养殖已经成为中国奶业的未来发展方向。但未来政策的重点是支持什么程度的规模化养殖作为养殖业的主体遭遇了争议，我们试图从稳定价格的视角提出可重点支持的规模化养殖。因此，本研究在机理分析的基础上通过实证检验揭示能够平抑价格波动的规模化程度，从稳定原料奶价格的角度为政府制定对规模养殖支持的政策提供一定的参考依据。其次，由于奶农在产业链中的弱势地位与国际市场的冲击，原料奶价格波动频繁，奶农的利益无法得到保障，为了稳定原料奶价格，保障市场的供应，国内一些省（市）探索实行原料奶价格协商机制，旨在通过直接干预稳定市场，维护市场主体尤其是奶农的利益。因此，本研究聚焦四个为了避免原料奶价格大起大落而推行原料奶价格协商机制较为完善的省（市），分别分析其协商机制的发展历程、价格的产生、经验与特点，并进行了多案例的比较分析，为其他地区推广原料价格协商机制提供若干的参考与借鉴。

第2章 文献回顾与理论基础

2.1 概念界定

2.1.1 原料奶产业相关概念

（1）原料奶

原料奶又被称为"生鲜乳""原料乳""生奶"，英文名称：raw milk，是指直接从动物乳房中挤出的，未经过杀菌、均质等工艺处理过的乳汁。原料奶可能受布鲁氏菌、弯曲杆菌等细菌的污染不适合直接饮用，并需要经过有资质的加工商通过杀菌等处理后在市场上销售。原料奶生产具有频繁性，且原料奶的易腐特性也决定了其交易的频繁性。原料奶按照奶畜种类可分为：生鲜牛乳、生鲜羊乳、生鲜骆驼乳、生鲜马乳等。在中国，生鲜牛乳是最主要与常见的品种，2018 年占原料奶总产量的 96.8%（中国奶业协会，2019）。我们一般所说的原料奶价格是指生鲜牛乳的价格。

（2）乳制品

乳制品英文名称：Dairy Products，是指以原料奶及其制品为主要原料，经加工制成的产品。依据《食品安全国家标准 食品添加剂使用标准》（GB2760—2014）的分类，中国乳制品包括了：巴氏杀菌乳、灭菌乳和调制乳；发酵乳和风味发酵乳；乳粉（包括加糖乳粉）和奶油粉及其调制产品；炼乳及其调制产品；稀奶油（淡奶油）及其类似品；干酪和再制干酪及其类似品。依照《中国奶业统计摘要》中对进口乳制品分类表述更为清晰，即乳制品分为液态奶和干乳制品两大类，而液态奶包括了液奶和酸奶，干乳制品包括了奶粉、炼乳、乳清、奶油、奶酪及婴幼儿配方奶粉。

（3）奶粉

英文名称：Milk Powder。奶粉作为干乳制品的一种，之所以将其单独进行讨论是基于奶粉是中国干乳制品进口的最主要品种，且容易和老百姓口中的可直接用于消费的奶粉混淆。中国进口的奶粉是指原料奶喷粉制成的工业奶粉，又俗称"大包粉"，主要用于食品企业的再加工或再生产使用，可用于生产液态奶、婴幼儿配方奶粉等。因此，大包粉被认为具有原料奶的属性。

2.1.2 价格波动的度量

波动也可称为波动率，被描述为资产价格变动的幅度，是衡量价格变动快慢的尺度。对价格波动的度量是本书实证研究的前提，因此本书我们首先对价格波动的测度方法进行了回顾与介绍，后续研究中将根据不同的研究议题选择不同的度量方法。

波动率的类型主要有历史波动率、隐含波动率、未来波动率、预期波动率等，在实践中及文献中最常见的波动率是历史波动率和隐含波动率（European Commission，2009；Mattews，2010；Huchet‐Bourdon，2011）。历史波动率是基于一个历史时期内观察到的价格波动，它揭示了价格在过去的波动程度，反映了那个时期内决定价格的供求状况。隐含波动率，即市场对未来价格波动程度的预期，可以运用期权定价模型，将除波动率外的参数代入公式后推导出波动率，由此得出隐含波动率。本研究中，我们感兴趣的是基于观察到市场价格的已实现波动率，即历史波动率。常见的价格波动的度量方法主要有以下几类：

（1）变异系数法

变异系数 CV（Coefficient of Variation）是衡量观测值的离散程度，采用标准差与平均值的比值。

$$s = \sqrt{\frac{1}{n-1}\sum_{t=1}^{n}(p_t - \mu)^2} \qquad (2-1)$$

$$CV = \frac{s}{\mu} = \frac{\sqrt{\dfrac{1}{n-1}\sum_{t=1}^{n}(p_t - \mu)^2}}{\mu} \qquad (2-2)$$

其中，s 为非条件标准差，p_t 为 t 时期的价格，n 为样本量，μ 为时期内的平均价格，CV 为变异系数。变异系数法用以两个或多个时期或变量的比较，消除了单位或平均数不同对研究对象变异程度的影响。但变异系数法用以衡量不稳定的价格具有缺点，而现实中的价格往往都是不稳定的，即表现出单位根或者随机游走的行为，在这些条件下，方差和标准差随着时间周期趋近于无穷（Minot，2014）。同时，变异系数衡量的价格波动认为消费者或者生产者无法识别价格的规律性变化，如季节性及趋势，但实践中各类主体会根据过去模式来预测价格的变化，因此，变异系数法会导致对价格波动的高估（Figiel and Hamulczuk，2010）。

（2）收益率标准差法

在一些研究尤其是金融领域，波动率被定义为价格收益率的标准差。首先，需要确定价格收益率的计算方法。价格收益率主要使用价格变化百分比法与对数价格变动法去度量，计算公式分别表示为：

a）价格变动百分比

$$R_t = \frac{P_t - P_{t-1}}{P_{t-1}} \tag{2-3}$$

b）对数价格变动法

$$R_t = \ln\left(\frac{P_t}{P_{t-1}}\right) = \ln P_t - \ln P_{t-1} \tag{2-4}$$

式（2-3）和式（2-4）中，R_t 代表价格收益率，P_t 代表 t 期的价格，P_{t-1} 则指 $t-1$ 期即上一期的价格。相对于价格变动百分比中假设价格是不连续的间隔变化，对数价格变动法假设价格是连续的变化，且具有良好的统计学特征，如可加性与一致性。因此，大量的文献研究都采用对数价格变化法去度量价格收益率（Huchet-Bourdon，2011；Ledebur and Schmitz，2012；Dahl and Oglend，2014）。此外，应该注意的是 $\ln(P_t - P_{t-1})$ 为价格增长或变化的近似值，也可称为价格的"通货膨胀"，用此测度波动性也反映了价格通胀的波动性（Kalkuhl et al.，2016）。综上所述，本研究选择对数价格变动法来度量价格收益率。

在确定价格收益率计算方法后，价格波动可表示为：

$$s = \sqrt{\frac{1}{n-1}\sum_{t=1}^{n}\left[\ln\left(\frac{P_t}{P_{t-1}}\right) - \bar{R}\right]^2} \tag{2-5}$$

其中，$\bar{R}$ 为价格收益率的算术平均值。n 为时间周期，即滚动窗口，以计算标准差的那一天为结束的时间周期，对于月度数据，n 一般取值为 12，对于周度数据，n 一般取值为 52。然而，这种波动率的测量，仅指观察到的周期长度，为了便于比较，通常采用年化波动率指标（Ledebur and Schmitz，2012）：

$$s = \sqrt{Z \times \frac{1}{n-1}\sum_{t=1}^{n}\left[\ln\left(\frac{P_t}{P_{t-1}}\right) - \bar{R}\right]^2} \tag{2-6}$$

Z 为观察期内观察值的数量，如样本为月度数据，则 Z 取值为 12。

此外，对于连续数据的分析，特别是图形化的分析，需要将历史波动率描绘成价格收益率的滚动标准差，价格波动率公式改进为（Ledebur and Schmitz，2012）：

$$s = \sqrt{\frac{1}{n-1}\sum_{t=k}^{k+n-1}\left[\ln\left(\frac{P_t}{P_{t-1}}\right) - \bar{R}\right]^2}, k=1,\cdots,N-n \tag{2-7}$$

其中，N 为总样本数。滚动波动差主要基于波动的计算以最近的日期为准，而排除较远的日期。

经济序列数据往往具有趋势性，因此波动率的度量需要去趋势化，但由于趋势很少是线性和确定的，去趋势需要一种趋势模型，这种模型意味着对变化归因于趋势本身和趋势的变化进行判断权衡，所以经济学家通常会采用价格收益率的标准差来规避这些问题（Gilbert and Morgan，2010）。因此，收益率标准差法能够有效避免需要确定趋势的问题，在研究价格波动方面有着广泛的应用。

（3）成分分解法

时间序列数据是按照次序排列的随机变量序列，经过函数变换后被认为是几个部分叠加而成的。经济指标的月度或季度时间序列包含四种变动要素：长期趋势要素、循环（周期）要素、季节变动要素和不规则要素（高铁梅，2016）。

季节调整可以将时间序列中的季节变动要素与不规则要素剔除，比较常见的季节调整法有：Census X13 方法、Census X12 方法、Census X11 方法、移动平均方法和 Tramo/Seats 方法。现以 Census X13 方法为例进行简单介绍：

Census X13 季节调整方法的核心算法是扩展的 X11 季节调整程序。共包括 4 种季节调整的分解形式：乘法、加法、伪加法和对数加法模型。注意采用乘法、伪加法和对数加法模型进行季节调整时，时间序列中不允许有零和负数（高铁梅，2016）。

a）加法模型：

$$Y_t = TC_t + S_t + I_t \qquad (2-8)$$

b）乘法模型：

$$Y_t = TC_t \times S_t \times I_t \qquad (2-9)$$

c）对数加法模型：

$$\ln Y_t = \ln TC_t + \ln S_t + \ln I_t \qquad (2-10)$$

d）伪加法模型：

$$Y_t = TC_t(S_t + I_t - 1) \qquad (2-11)$$

其中，TC_t 为趋势循环要素；S_t 为季节要素；I_t 为不规则要素。

在季节调整中，趋势与循环要素被视为一体，未能完全分解，将其分解的方法有多种，比较常见的有回归分析、移动平均、H-P（Hodrick and Prescott）滤波和频谱滤波（frequency band-pass filer，BP 滤波）。本研究以 H-P 滤波为例进行概述：

Hodrick and Prescott（1997）在分析战后美国经济周期中首次提出 H-P

滤波方法，其基本概念框架是给定一组时间序列 y_t，此变量包括了长期趋势成分 g_t 与周期成分 c_t：

$$y_t = g_t + c_t \quad t = 1, \cdots, T \qquad (2-12)$$

H-P 滤波就是将 g_t 从 y_t 中分离出来即达到下面的损失函数最小：

$$Min\left\{ \sum_{t=1}^{T} c_t^2 + \lambda \sum_{t=1}^{T} \left[(g_t - g_{t-1}) - (g_{t-1} - g_{t-2}) \right]^2 \right\} \quad (2-13)$$

其中，λ 为正值，当数值越大，估计的趋势越光滑。一般的经验为：当数据为年度数据时，λ 取值 100；数据为季度数据时，λ 取值 1 600；数据为月度数据，λ 取值 14 400（高铁梅，2016）。在分解出循环要素后，可以使用较为直观的"波峰—波谷—波峰"法或"波谷—波峰—波谷"法对周期进行划分。

（4）GARCH 类模型法

广义自回归条件异方差模型（General Autoregressive Conditional Heteroskedasticity model，GARCH 模型）用来刻画变量的波动性得到了广泛的应用。GARCH 模型由条件均值方程与条件方差方程组成，具体表达式如下：

$$Y_t = X_t \phi + u_t \qquad (2-14)$$

$$\sigma_t^2 = \alpha_0 + \alpha_1 u_{t-1}^2 + \cdots + \alpha_p u_{t-p}^2 + \beta_1 \sigma_{t-1}^2 + \cdots + \beta_q \sigma_{t-q}^2 (2-15)$$

其中，式（2-14）条件均值方程中，Y_t 为因变量，X_t 为自变量，u_t 表示模型的扰动项。式（2-15）条件方差方程中，σ_t^2 为扰动项 u_t 的方差，其依赖于滞后 p 期的平方扰动项与滞后于 q 期的方差，故称为 GARCH（q，p）模型。

GARCH 模型的优点是允许收益率的方差即波动性随着时间而变动，这种方法被许多学者应用于价格波动的研究。后续研究中会对此方法进行详细介绍与分析。

综上所述，根据不同的研究内容与主题，本研究选择了不同的波动测算方法，对中国原料奶价格波动进行全面的分析与判断。此外，价格波动中的"价格"分为名义价格与实际价格，为此选择哪一种价格需要进行确定。Huchet-Bourdon（2011）认为，价格波动中如果采用实际价格进行分析，意味着我们必须选择一个平减指数，且平减指数总是受到数据可得性的限制，而平减指数的加入使得衡量波动性时又加入了另外一种不确定因素，事实上人们对于使用哪种平减指数并没有达成共识，因此 Huchet-Bourdon（2011）在分析农产品价格波动时采用的是名义价格。通过文献分析，我们发现对于农产品价格波动的研究，有些学者采用 CPI 进行平减，有些则采用 PPI 进行平减（Shively，1996；Gilbert and Morgan，2010）。在原料奶价格波动方面，O'Connor et al.（2009）、Bórawski et al.（2015）、Bergmann et al.（2015）均采用名义价格对不同国家与区域的原料奶及乳制品价格波动进行分析。此外，本研究选取的对象为原料奶，不同于其他耐储存农产品，奶牛一天至少需要 2 次挤奶，即原料奶每天都要生产且需要及时销售与加工。因此，基于生产者即奶农的视角，生产者会对名义价格的波动更为敏感，会直接影响奶农的生产决策。此外，原料奶价格波动传导及政策分析作为本研究重要的研究主体，使用名义价格也是合适的。

2.2　理论基础

2.2.1　供给需求理论

价格波动作为价格理论研究的一个重要课题，供给与需求关系衍生的供求理论是解释价格波动的基础理论。

在市场经济中，需求是指购买者在一个价格水平下愿意而且能够购买某种商品的数量；供给则指生产者在一个价格水平下愿意并且能够生产某种商品的数量。需求与供给相互作用决定了均衡价格与均衡数量，即需求曲线与供给曲线相交时达到了均衡状态，此时的价格为均衡价格，数量为均衡数量。如图 2.1 所示，S 曲线为市场供给曲线，D 曲线为市场需求曲线，

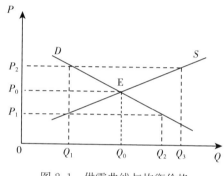

图 2.1　供需曲线与均衡价格

D 曲线和 S 曲线交于 E 点，决定了均衡价格为 P_0，均衡数量为 Q_0，这样一种状态是双方都愿意维持的状态，也被称为市场出清。因此，市场均衡价格表现为需求与供给两种相反力量共同作用的结果，是市场自发形成的，当价格位于 P_1 时，市场出现商品短缺现象，短缺数量为 $Q_2 - Q_1$，当价格位于 P_2 时，市场出现商品过剩情况，过剩数量为 $Q_3 - Q_1$。一般来说，在一个自由市场中，通过市场机制的作用，供求不相等的非均衡状态会逐步消失，市场会呈现出清的状态（Pindyck and Rubinfeld，2018）。

在均衡模型中，均衡价格是被内生决定的，价格的变化仅引起供给量和需求量的变化，表现在沿着既定的供给曲线与需求曲线的移动。然而在市场中，供给与需求发生变化时，即出现生产成本、收入水平等外生变量的冲击后，需求与供给曲线的位置会发生变动，从而使得均衡价格也发生变化。本研究假设在一个农产品市场中仅存在需求变动，对短期与长期两种情境下市场均衡价格的变动展开说明。

（1）短期内市场均衡价格的变动

假设对于一个农产品市场，由于生产具有长周期性，在短期内，生产要素无法大幅度增加，生产的增加只能靠库存来调节，而对于一些易腐与不易储存的农产品而言，其供给价格弹性几乎可以为零，此时市场的价格由需求曲线决定。

从图 2.2 可知，在短期内，假设农产品供给的价格弹性等于零，供给曲线 S 为一条垂直线，与需求曲线 D 共同决定了均衡数量 Q_0 与均衡价格 P_0。当需求市场发生了变化如市场消费疲软引发市场对农产品需求的下降，此时需求曲线由 D 变为 D_1，市场形成一个新的均衡点 E_1，均衡数量仍为 Q_0，但均衡价格则由 P_0 下降为 P_1。显然，需求的变化导致了均衡价格的变化，同时可以看出，由于供给完全无弹性，其曲线

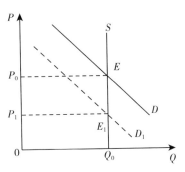

图 2.2　短期内市场的均衡

为垂直线，此时均衡价格变化幅度较大。因此，在短期内，由于农民无法调整生产量，需求的减少将会导致农产品价格的大幅度下降。

（2）长期内市场均衡价格的变动

在长期内，生产者可以根据市场进行调整，供给具有弹性，曲线也不是垂直的。对于农民而言，可以根据市场的情况选择增加或者减少农产品生产，此时由于产量的调节作用，农产品价格变化相对于短期内幅度较小。

从图 2.3 可知，需求曲线 S 与供给曲线 D 决定的均衡点为 E，此时的均衡价格为 P_0，均衡数量为 Q_0。同样，当市场的需求减少即需求曲线由 D 变为 D_1，市场新的均衡点为 E_1，此时市场均衡数量为 Q_1，均衡价格为 P_1。显然，由于需求的减少，市场的需求量由 Q_0 变为 Q_1，市场的价格也由 P_0 减少为 P_1。同时可以看出，相对于短期内，价格变化的幅度较小，由于产量的调整农产品价格并未呈现如上述的大幅度波动。

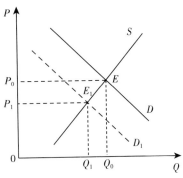

图 2.3　长期内市场的均衡

同样对于原料奶市场，供求理论是研究其价格波动的基础理论，各种影响因素最终也是通过改变供求来实现的，在后续的研究中，由于供求关系的变化导致价格波动的分析贯穿于整个研究中。

2.2.2　蛛网模型理论

农产品或畜产品往往会出现产量与价格的周期性波动，由 Kaldo（1934）命名的蛛网模型通过引用时间变化因素，利用动态分析的方法，描述农产品供求与价格之间相互影响而导致的供求波动规律（孙礼照，1990）。蛛网模型首先要满足一系列的假设，最为基本的是：对于供给方，生产者对本期商品的生产取决于上一期的价格，即供给函数表示为 $Q_{st} = f（P_{t-1}）$；对于需求方，本期的需求量取决于本期的价格，即需求函数表示为 $Q_{dt} = f（P_t）$。以农产品为例，主要有以下三种情景的蛛网模型理论：

（1）收敛型蛛网

对于收敛型蛛网，供给弹性的绝对值小于需求弹性的绝对值，当市场受外部冲击偏离均衡点时，随着时间的变化，最终能通过自身调节达到均衡，具体过程如图 2.4 所示。

假设农产品市场受到如自然灾害等外部冲击的影响，农产品的实际产量由均衡数量 Q_0 减少为 Q_1，此时商业经营者愿意以 P_1 的价格来收购农产品，市场上的实际价格上涨为 P_1。由于农产品价格的上涨，农民会通过增加种植面积或增加存栏量等途径增加农产品供给，此时的农产品产量增长为 Q_2，市场面临供大于求的局面，农民为了销售数量为 Q_2 的农产品，只能接受商业经营者支付的 P_2 的价格。由于 P_2 的价格较低，农民通过减少种植面积或存栏量等途径减少农产品供给，此时市场农产品产量减少为 Q_3。由于产量减少，市场面临供不应求的局面，商业经营者愿意以 P_3 的价格收购农产品，市场上的实际价格又上涨为 P_3。如此循环下去，实际农产品产量与价格波动越来越小，最终恢复到均衡价格 P_0 与均衡数量 Q_0，在此点上市场是稳定的，因此被称为收敛型蛛网。

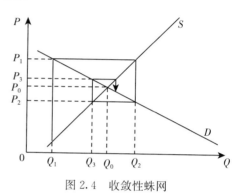

图 2.4　收敛性蛛网

（2）发散型蛛网

对于发散型蛛网，供给弹性的绝对值大于需求弹性的绝对值，当市场受外部冲击偏离均衡点时，随着时间的变化，价格与产量的波动越来越大，距离均衡点越来越远，具体过程如图 2.5 所示。

同样假设农产品市场受到自然灾害等外部冲击的影响，农产品的实际产量由均衡数量 Q_0 减少为 Q_1，此时农民以 P_1 的价格将农产品卖给商业经营者，农产品市场的实际价格由 P_0 上升为 P_1。在利益的刺激下，农民会通过各种途径增加农产品供给，此时的农产品产量上升为 Q_2。由于市场供大于求，商业经营者支付给农民的农产品价格下跌到 P_2。P_2 的价格较低，于是农民通过各种途径减少农产品供给，此时市场农产品产量减少为 Q_3。由于产量减少，市场供不应求，农民卖给商业经营者的农产品价格上涨为 P_3。如此

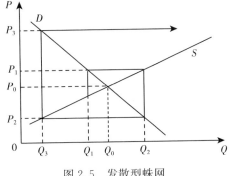

图 2.5　发散型蛛网

循环下去，实际农产品产量与价格波动越来越大，最终偏离均衡点越来越远，是一种不稳定的状态，因此被称为发散型蛛网。

(3)　封闭型蛛网

对于封闭型蛛网，供给弹性的绝对值等于需求弹性的绝对值，当市场受外部冲击偏离均衡点时，随着时间的变化，价格与产量始终在同一幅度内上下波动，具体过程如图 2.6 所示。

再一次假设农产品市场受到自然灾害等外部冲击的影响，农产品的实际产量由均衡数量 Q_0 减少为 Q_1，此时市场上的农产品实际价格上升为

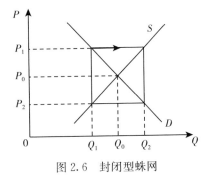

图 2.6　封闭型蛛网

P_1。由于价格上升，农民增加农产品的产量为 Q_2，由于 Q_2 数量高于均衡产量 Q_0，农产品的价格下跌到 P_2。P_2 的价格较低，农民减少农产品产量为 Q_1，市场上农产品的价格又上涨为 P_1。如此循环下去，实际农产品产量与价格波动既不趋向均衡点，也不远离均衡点，因此被称为封闭型蛛网。

现实生活中，"收敛型蛛网"运行状态可以通过市场机制的自身调整让价格恢复到稳定水平。而"发散型蛛网"或"封闭型蛛网"运行状态则较少发生，如发生则需要政府通过"有形的手"进行调节与引导，以维护市场的平稳运行。对于原料奶市场，蛛网模型理论可用于解释原料奶市场出现的"倒奶杀牛"现象[①]，奶牛养殖者往往会根据上一期的收购价来决定下一期奶牛养殖数

---

① 观点来源："倒奶"事件怎么看？内蒙古专家开出化解问题的药方（http：//inews. nmgnews. com. cn/system/2015/01/16/011612285 _ 02. shtml）。

量（卫龙宝和张菲，2012）。周宪锋（2008）利用蛛网理论从供求弹性角度揭示了影响中国原料奶生产波动的主要因素，李欣等（2017）认为中国宁夏地区的原料奶生产符合"发散型蛛网"特征。因此，对于中国原料奶生产出现的偏离均衡点即不稳定波动状态，需要政策的引导与支持。

2.2.3　理性预期理论

预期代表着对未来的预测，在经济学中是一个十分重要的概念。由于在经济社会中，决策的主体是"人"，普遍会对未来的行为与发展做出一定的预测与判断，从而支配着经济行为人的未来行为决策与模式。随着理性预期理论的不断发展，其应用领域十分广泛，本研究仅介绍此理论在价格与价格波动方面的运用。"理性预期"概念最早由经济学家 Muth 在 1961 年发表的《理性预期与价格变动理论》中提出的，Muth（1961）比较了蛛网理论与理性预期，并指出尽管蛛网理论被认为是动态经济理论中最成功的尝试之一（Goodwin，1947），但很少学者会认真对待蛛网理论，其含义仅会偶尔在一些研究中出现，而在实践中，涉及理性的理论能够更好地解释现实中的市场价格波动，比如 Jesness（1958）认为牛和猪市场价格波动的一个主要的原因有时被认为是农民自己的预期，Dean and Heady（1958）还建议政府开展广泛的预测指导服务，以抵消由于需求弹性长期下降而导致的生猪价格日益波动的趋势。因此，Muth（1961）针对以非理性预期为假定前提的蛛网理论，提出如果存在着理性预期，则市场将以更快的速度趋向均衡点。此外，Muth（1961）将投机库存引入市场分析，并指出对于某些商品企业容易持有存货，而对于一些耐用品家庭的库存积累也很重要，最终市场状况可以通过将库存结转与生产结合和库存结转与消费结合来表示。而库存投机也是市场主体根据未来价格预期（以现在价格的信息为基础）产生的，因此必然使得市场价格的时间序列具有正的序列相关性。但 Muth（1961）假设外部需求与供给扰动具有恒定的波动性，因此认为现货价格的方差为常数。

Beck（1993）在 Muth（1961）理论模型的基础上扩展出了价格水平及价格方差均为内生变量，并且每个时期的外部波动是随机的理性预期模型。对于现货且存在库存的市场而言，Beck（1993）利用理性预期模型得出方差推导过程如下：

由于市场行为由一个无限水平的离散时间模型来表示，该模型在每一个时期都具有市场出清的条件，对于 $t-1$ 期可以得出如下方程：

$$Q_{t+1} + I_{t+1} = Y_{t+1} + I_t \qquad (2-16)$$

其中，Q_{t+1} 代表商品在 $t+1$ 时刻的需求量；Y_{t+1} 代表商品在 $t+1$ 时刻的供给量；I_{t+1}代表在 $t+1$ 时刻末期商品的库存；同样 I_t 代表在 t 时刻末期商品的库存。假设市场上有三类主体：购买者、生产者与库存持有者，则总需求、总供给和总持有函数可表示为：

$$Q_{t+1} = A - a S_{t+1} + u_{t+1}^b \qquad (2-17)$$

$$Y_{t+1} = b E_t(S_{t+1}) + u_{t+1}^f \qquad (2-18)$$

$$I_t = n_{t+1}[E_t(S_{t+1}) - S_t] \qquad (2-19)$$

其中，$n_{t+1} = \Theta / \sigma_{s,t+1}^2$，$\sigma_{s,t+1}^2 = E_t[S_{t+1} - E_t(S_{t+1})]^2$；$\Theta$ 代表风险规避参数，S_{t+1} 代表商品在 $t+1$ 时刻的现货价格，u_{t+1}^m（$m = f, b$）代表均值为 0，方差为 $\sigma_{u_{t+1}}^{2m}$ 独立分布的随机误差项，且方差服从平稳随机过程。Beck（1993）经过一系列推导与证明，得到预测方差的公式：

$$\sigma_{s,t+1}^2 = j_0 + j_1 \sigma_{s,t}^2 \qquad (2-20)$$

如果商品是不可存储的，j_1 将取值为 0；如果存在库存结转，市场主体对未来现货价格波动形成预期时，会将当期现货价格波动对库存波动性影响纳入库存持有决策中。因此，对存在库存的商品，现货价格的高波动性导致了库存结转的波动性，继而将波动性传导给下一阶段的现货市场。

综上，理性预期模型对可储存商品的方差存在序列相关性提供了理论基础，对于中国原料奶产业而言，尽管原料奶是"不可存储的商品"，但奶粉确是可以储存的。理性预期模型对中国原料奶价格波动提供了理论基础，对其应用后面章节会进一步阐述。

2.2.4　市场失灵理论

在理想的经济学模型中，市场处于完全竞争状态，资源配置达到帕累托最优。但在现实中，资源往往不能实现有效的配置，无效率的情况普遍存在，此时市场处于失灵的状态。市场失灵主要包括了不完全竞争、外部性、公共物品、不完全信息四类情况，不同于其他可直接面向消费者的农产品，原料奶必须经过有资质厂商加工才可以进入消费市场，本研究结合原料奶的特点与状况，主要介绍不完全竞争与不完全信息造成原料奶市场失灵的情景。

（1）不完全竞争

市场处于如垄断、寡头与垄断竞争的情况下，都可被认为市场是不完全竞争。在完全竞争的市场中，所有人都是价格的接受者，不存在任何市场势力，可以依靠市场机制达到均衡的状态。而在不完全竞争下，市场一方具有较强的市场势力，能够依靠其市场力量对价格进行操作获得垄断利润，造成了资源的无效配置。从 20 世纪末开始，中国逐步形成了乳企的寡头格局，特别是"三聚氰胺丑闻"发生后，中国乳制品市场份额向龙头企业集中。寡头市场格局对中国乳制品的发展有着深厚的影响，一定程度上有利于技术进步、产品的多样化及规模经济。但对于中国奶农而言，由于缺乏话语权，无法和乳企进行平等的对话，利益博弈的结果是奶农被控制在微利甚至亏损的状态，当长时间出现亏损的情况下，就出现了"倒奶"甚至杀牛的现象，随之原料奶价格波动剧烈。因此，中国乳企对价格的控制是原料奶价格波动的重要因素之一，也是各地政府对原料奶市场进行宏观调控的主要内容。同样对于消费者而言，乳企利用垄断势力攫取高额的利润，给消费者带来了损失。

（2）不完全信息

在完全竞争的市场，买卖双方都对信息具有完全的知情权，能够做出实现资源合理配置的决策。乳制品及原料奶都是具有经济学中的"信任品"特征，即无法只用肉眼或口感分辨其质量，信任品交易中存在着信息不对称，而不完全信息的消除需要支付高昂的成本（王威和尚杰，2009）。

在 20 世纪末 21 世纪初，中国乳企为了获得更高的利润，选择不从事奶牛养殖，而从奶农那里收购原料奶，这使得原料奶质量难以控制，随着乳企的不断扩张，当原料奶整体供应不足时，对资源的争夺也就十分激烈，在市场失灵下，即便知道原料奶可能存在的安全隐患，为了降低成本，乳企仍选择忽略检测，是造成 2008 年的三聚氰胺丑闻的重要原因之一（Qian et al.，2011）。对于消费者而言，由于对乳制品质量的信息不完全，无法完全判断质量的好坏，会出现劣等品驱逐优质品的现象，即柠檬市场效应。消费者频频买到劣等乳制品，特别是在一些农村地区更为普遍，说明在一段时期内乳制品市场已经"柠檬化"了（王威和尚杰，2009）。无论是三聚氰胺丑闻事件还是消费者购买到的劣质品，都影响了中国消费者对国产乳制品的信心，信心丧失的直接后果是对国产乳制品质量的疑虑，消费者行为的不确定性加剧了乳制品及其上游原料奶价格的波动。

中国原料奶市场中的生产者即奶农或养殖场数量众多，相比之下原料奶的收购方即乳企数量少、规模大，存在着几家企业控制着大部分市场的现状，属于典型的寡头市场。在这种市场格局下，中国原料奶生产难逃"倒奶杀牛"现象，折射着农产品市场容易出现的"市场失灵"状态，需要政府的有效干预。

2.3 文献综述

2.3.1 农产品价格波动特征的研究

过去几十年内，出于对粮食安全的考虑，农产品价格波动已经成为学者们关注的焦点（Santeramo，2015）。无论是国外学者还是中国学者，均对农产品价格波动的特征开展了较为全面的研究，并取得了丰硕的成果。对农产品价格波动特征的研究主要有两个方面的视角：第一，从整体的角度考察大部分农产品价格波动的特征，并对农产品价格波动进行阶段性划分与刻画；第二，从特定的角度考察某一或某几个农产品的价格波动的动态特征，并利用计量模型对此类农产品价格波动进行系统的研究。

（1）整体农产品价格波动的特征

早期的学术研究对整体农产品价格波动侧重于周期性特征的研究，主要从阶段划分的视角探讨各阶段的特征。Gilbert（2006）较早地对全球农产品价格波动进行了研究，研究表明，农产品价格波动在 20 世纪 60 年代相对较低，20 世纪 70 年代和 80 年代前期价格波动较高，尽管 80 年代后期和 90 年代后期有所回落，但仍高于 60 年代。全球农产品价格波动从 21 世纪初开始经历了越来越大的波动（FAO et al.，2011），特别是从 2006 年底到 2008 年中，全球主要农产品价格大幅上涨。由于 2008 年的金融危机，全球主要农产品价格从 2008 年中急剧下跌，到 2009 年下半年价格部分恢复到超过峰值前的水平（Gilbert and Morgan，2010）。同时，Gilbert and Morgan（2010）考察了国际农产品价格的长期趋势，发现 1990 年以来的价格波动低于 70 年代和 80 年代，主要的例外是大米。同时作者还检验了 19 种商品 2007 年与 2009 年之间的波动率差异，发现尽管许多商品的价格都具有高度可变性，但大豆、大豆油和花生油 3 种商品价格的条件方差增加显著。中国学者傅晓和牛宝俊（2009）认为从 1980 年到 2008 年的近 30 年间，国际农产品价格波动经历了 6 个阶段，主要有：1980—1985 年下跌与低位徘徊阶段；1986—1995 年稳步回升阶段；1996—2001 年下降阶段；2002—2007 年 6 月振荡上涨阶段；2007 年 7 月—2008 年 3 月迅速攀升阶段；2008 年 4—12 月微跌与快速下跌阶段，同时作者对国际农产品价格波动的规律进行了总结并提出未来趋势。可以认为，国际农产品价格经过一段时间的适度稳定，2007—2008 年食品危机引发了主要农产品价格水平和波动增长了 50% 以上，引起了学者与政府广泛的关注，并成为焦点问题（Huchet‐Bourdon，2011；Tadesse et al.，2014；Brümmer et al.，2015）。

同样对于中国整体的农产品而言，学者们对不同时期的整体农产品价格波动周期性进行了翔实的研究。巫国兴（1997）较早地研究了中国农产品从 1978 年到 1994 年的波动特征，并按波峰波谷的周期划分将中国农产品价格波动划分为五个阶段：1978—1980 年为上涨第一浪，进入市场的计划外产品出现上涨；1980—1984 年为下跌第一波，农民卖难和议、市价下跌；1984—1988 年为上涨第二浪，买难和商品大战接连不断，价格暴涨暴跌；1988—1992 年为下跌第二波，农产品价格持续下跌，并出现第二次卖难；1992—

1994 年为上涨第三浪，农副产品价格出现十几年来罕见的暴涨。不同于巫国兴（1997）对价格指数波动的直接观察，程国强和徐雪高（2009）利用 HP 滤波法，并按照波谷—波谷来表示一个完整的波动周期，将改革开放到 2006 年中国农产品价格波动划分为结 5 个周期：第 1 个波动周期，1978—1986 年；第 2 个周期，1987—1992 年；第 3 个周期，1993—2000 年；第 4 个周期，2001—2002 年；第 5 个周期，2003—2006 年。顾国达和方晨靓（2010）认为在国际市场的影响下，从 1999 年到 2009 年，中国农产品价格波动大致存在农产品价格下跌阶段（1999—2002）、平稳增长阶段（2003—2006）和快速上涨阶段（2007—2009）三种局面，具有明显的局面转移特征，此外，作者指出中国农产品价格还具有短期波动、长期平稳与波动的某种非对称性。中国农业经济学会委托课题组（2012）利用 X－11 季节调整方法和 H－P 滤波法对 21 世纪以来中国农产品价格波动周期、趋势及特点进行了研究，将 2002 年到 2011 年农产品价格波动划分了 3 个完整的周期，每个周期长度分别为 10、14 与 11 个季度。刘瑶（2017）对 1978—2014 年共 37 年的中国农产品价格波动周期性特征进行了划分，并将划分的 7 个周期分为了长周期、中长周期与短周期。尽管各学者对中国农产品价格波动特征的研究得出的结论具有差异性，但也说明了近年来随着国际农产品价格波动的增加，学者们对中国农产品价格波动特征的关注度也逐渐提高。

（2）特定农产品价格波动的特征

价格波动具有时间变化的特征，单纯的静态分析或者周期性描述不能完全反映价格波动的动态轨迹。随着研究方法的发展与改进，GARCH 类模型作为有效的异方差序列拟合模型，能够很好地反映市场波动存在的动态特征。GARCH 类模型最初大多数用于金融资产的波动性研究（Lamoureux and Lastrapes，1990；Choudhry，2000；刘金全和崔畅，2002），随着模型的进一步发展与拓宽，国内外学者们将其应用延伸到农产品价格波动领域并取得了丰富的成果。Aradhyula and Holt（1988）最早将 GARCH 模型运用于包括牛肉、猪肉及鸡肉在内的畜产品零售价格研究中，并指出计量经济领域的新进展可有效地应用于农业数据。Beck（1993）利用 ARCH 模型对生猪、橙汁、大豆和活牛的价格数据进行了验证，结果表明四类商品价格的方差均具有可预测的成分。Shively（1996）将 ARCH 模型应用于 1978—1993 年博尔加坦加市与海岸角市的玉米价格市场的研究，衡量了加纳玉米价格波动的变化，并推断了滞后期价格、国内和区域生产、商品储存及贸易在解释这些变化方面的重要性。Yang et al.（2001）利用 GARCH 模型考察了美国激进的农业自由化政策，即 1996 年的公平法案对农产品价格波动的影响，结果表明，农业自由化政策导致了三种主要粮食商品（玉米、大豆和小麦）价格波动增加，燕麦价格波动变化不大，而棉花价格波动下降。Rezitis and Stavropoulos（2010）利用GARCH 类模型模拟了希腊牛肉生产者对价格及价格波动的预期，并进一步探讨了希腊牛肉市场的供给反应。林光华等（2011）运用 ARCH 类模型分析了国际大米价格波动的规律及其影响因素，结果表明国际大米价格波动存在一阶ARCH 效应和"杠杆效应"。Dewi et al.（2017）使用 2006 年 1 月至 2013 年 12月的牛肉价格数据，来研究印度尼西亚牛肉价格的波动，并分析牛肉自给自足计划对印尼牛肉价格波动的影响，结果表明印尼牛肉价格的波动性将趋于减小，并且在未来持续存在，同时自给自足计划可能会降低牛肉价格的波动性。

在中国，学者们利用 GARCH 类模型对中国特定农产品价格波动特征的相关研究主要集中在近一二十年内，罗万纯和刘锐（2010）较早采用 ARCH类模型对中国粮食价格的波动进行了分析，研究表明在籼稻、粳稻、小麦、玉米、大豆六种粮食品种中，籼稻、粳稻、大豆价格没有显著的异方差效应；小麦和玉米价格波动有显著的集簇性；小麦市场和玉米市场没有高风险高回报的特征；小麦价格波动有非对称性。由此可以看出不同粮食品种，其价格波动特征存在着明显的差异性。在农产品期货方面，王秀东等（2013）以 2006—2011 年大豆期货价格交易日的高频数据为基础，采用 ARCH 模型研究了中国大豆期货价格的波动规律，研究发现大豆期货收益率存在二阶 ARCH 过程，价格波动表现出集聚性特征。

针对易腐农产品，陈子豪和胡浩（2017）使用了 GARCH 类模型对易腐农产品油桃的价格波动及波动特征进行了分析，研究认为油桃价格波动存在显著的集簇性和非对称性，即价格波动具有正相关性以及价格下跌信息引发的波动大于价格上涨信息引发的波动。Zheng et al.（2019）检验了中国荔枝市场的价格波动，结果发现无论荔枝的农场价格还是零售价格均具有波动的集聚性，同时农场价格呈现出负的不对称性波动。

在畜产品方面，唐江桥等（2011）运用 ARCH 类模型分析了中国包括猪肉、牛肉、羊肉、鸡肉和鸡蛋五类主要畜产品的价格波动，结果表明牛肉、羊肉和鸡肉的格波动具有显著的异方差效应；牛肉具有高风险、高回报的特征；猪肉、牛肉、羊肉和鸡肉的价格波动没有非对称性。郭刚奇（2017）的研究则发现猪肉价格波动显现出明显的集簇性与风险报酬特征，猪肉市场"高风险"是其价格序列呈现上涨特征的原因之一，同时猪肉价格波动显现出非对称性的特征。可以看出，对于中国不同品种的农产品，其价格波动特征存在着显著的差异性。

对于中国原料奶价格波动特征而言，学者们的研究主要有两方面的视角：

一是对中国原料奶价格波动进行描述性分析，如李胜利等（2010）在分析中国原料奶及乳制品市场主要特点的基础上，深入探讨了影响原料奶及乳制品市场价格波动的各类因素，并对中国奶业市场做出了权威的解读与预测。张喜才和张利庠（2010）对中国历史原料奶价格波动作出了阶段性划分，认为从 20 世纪 90 年代起，中国原料奶经历了 4 次较大的波动，第一次波动发生于 1993 年，原料奶总产量出现了首次负增长；第二次波动发生于 1997 年，原料奶总产量出现第二次负增长；第三次波动发生于 2006 年，北方省（区）不同程度地发生了倒奶、杀牛的现象；第四次波动发生于 2007 年底和 2008 年，先是一些地方出现了倒奶、杀牛的现象，紧接着"三鹿牌婴幼儿奶粉事件"的发生导致原料奶价格持续下跌。二是通过将时间序列数据具有一定变化趋势的序列分离出来，从而对中国原料奶价格波动特征进行刻画，如运用 Census X12 季节调整法与 H－P 滤波法将不同时期的中国原料奶价格波动分解为季节性波动、周期性波动、趋势性波动及不规则性波动（余洁等，2014；陈晓暾等，2015；Feng，2017；于海龙等，2018）。刘亚钊和刘芳（2017）采用 B－N 分解法将中国 2006—2015 年原料奶价格分解为确定性趋势、周期成分与随机趋势，探究了中国原料奶价格的波动特征及规律。此外，康海琪等（2016）运用 GARCH 类模型对中国原料奶价格波动的特征进行了研究，发现中国原料奶价格波动具有集簇性、无高风险高收益的特征，但具有非对称性，且负向信息对价格波动的冲击更大。

2.3.2 农产品价格波动驱动的研究

随着对农产品价格波动研究的深入，学术界对农产品价格波动的驱动与成因提出了很多理论解释并进行了实证研究。Santeramo et al.（2018）对粮食价格波动驱动进行了综述，并区分了内生动力与外生动力，本研究结合 Santeramo et al.（2018）的研究，对农产品价格波动的驱动因素进行概述，并从自然因素论、供求因素论、库存因素论和贸易因素论四种角度展开论述。

（1）自然因素论

自然因素论是指天气冲击、疾病疫情、病虫害等自然因素通过影响供给量驱动市场价格的变化，尽管是通过影响供给因素来影响价格波动，但由于自然因素作为强外生变量，许多学者将其单独拿出来进行探讨。很多学者对自然因素的研究集中在天气状态，农业作为与天气状况最直接的经济部分，最可能受到气候波动的影响（Fisher et al.，2012）。农产品产量变化可能是因为种植面积的变动或者是单产的变动，单产的变动通常由于天气的冲击，因此一般认为，农产品价格波动最重要来源是天气对单产的冲击（Gilbert and Morgan，2010）。

Algieri（2013）认为极端天气条件导致单产变动性更大，可能对现有种植区造成损害，从而导致价格变化，并在实证研究中使用厄尔尼诺地区（太平洋中部地区）的海表温度异常、南部涛动指数异常两个指标作为天气状况的代理指标去研究天气状况与小麦价格变动的关系。此外，Wright（2014）提出将媒体中被提及的频率越来越高的极端天气作为粮食价格更大波动的原因是可信的。

（2）供需因素论

供需理论决定的均衡价格是分析价格波动的基础理论，同时供给端与需求端的变动也是价格波动的内生动力。在供给方面，产量、种植面积和单产通过影响均衡价格变动会影响农产品价格波动（Haile et al.，2014）。在需求方面，消费的冲击可能导致价格水平的突然变化，从而导致价格波动，但是相对于供给冲击，需求冲击对价格波动的影响较小，因为需求相对于供给是刚性的。此外，收入作为影响需求的原因，也在价格波动方面发挥了重要的作用。中国农业经济学会委托课题组（2012）对中国农产品价格波动的研究结果表明，城镇居民和农村居民的实际消费支出对农产品价格的影响是不同的，由于农村居民收入比城镇居民收入低得多，农村居民消费支出中用于农产品消费的份额较大。因此，与城镇居民相比，农村居民实际消费支出的变化对农产品价格波动和食品价格波动的影响更大。因此，价格波动的变化可以归因于需求和供给弹性的变化，也可以归因于需求和供给冲击的变化（Gilbert，2010；Gilbert and Morgan，2010）。

（3）库存因素论

理性预期理论适用于分析库存对价格波动的作用机制，库存作为商品是否属于可存储商品的标准，在影响特定农产品价格波动方面发挥着重要的作用。库存和价格波动之间存在着密切的关系（Wright，2011；Serra and Gil，2012），但其对价格波动的作用方向仍存在着争议。很多学者认为库存是平抑价格波动的有效手段，造成这一现象的根源在于完善的竞争存储理论（Wright and Williams，1982，1984；Deaton and Laroque，1992；Bobenrieth et al.，2013），库存的存在能够有效地调节市场的供需，当市场面临很大的供给压力时，库存结转可以填补空缺，从而降低可能由于价格上涨造成的波动增加。因此，库存的价格稳定功能是通过投机和套利使得价格变动来实现的。但Mitra and Boussard（2012）研究认为库存对价格波动的影响是复杂的，与没有年度库存的情况相比，在存在年度库存的情况下，价格序列显示的变化较小，但作者同时发现存储可能会导致价格的内生波动。

（4）贸易因素论

贸易因素对农产品价格波动的因素表现在汇率与国际农产品价格波动的传

导上，本章下一小节会对国际农产品价格波动传导的相关文献展开详细的论述，本部分主要对汇率对农产品价格波动的影响进行归纳。由于全球农产品贸易大部分以美元计价，在宏观经济政策中汇率被视为驱动价格水平的重要因素，因此即便在国际价格不是特别波动的情况下，汇率的波动也有可能传导到国内市场（Brümmer et al.，2013）。王阿娜（2012）基于汇率制度的变化和中国农产品价格波动的影响因素，构建汇率波动与农产品价格弹性模型，实证分析农产品价格与汇率之间的关系，结果表明农产品价格与汇率之间存在负相关关系、汇率对农产品价格的影响具有长期效应以及主要贸易伙伴国的货币汇率变化对国内农产品价格影响明显。因此，汇率会通过国际贸易方式对一国的农产品价格及其波动产生影响。

2.3.3　农产品价格波动传导的研究

农产品价格波动传导是指农产品价格波动沿着特定渠道产生溢出效应的过程，根据传导方向，可以分为沿产业链的垂直传导和市场间的空间传导（方晨靓和顾国达，2012）。依据此分类标准，本研究分别从农产品产业链价格波动垂直传导与农产品价格波动空间传导两个角度对农产品价格波动传导相关文献进行梳理与总结。

2.3.3.1　农产品价格波动垂直传导

农产品产业链价格主要是从生产资料（投入品）价格，到生产者（农场）价格，再到批发商（批发）价格，最后到消费者（零售）价格。其中，农场到零售的价格（farm‐retail）获得了广泛的关注（Kinnucan and Forker，1987；Frigon et al.，1999；Rezitis and Reziti，2011）。鉴于都是沿着产业链的纵向联系，同价格传导的路径一样，价格波动的垂直传导也遵循上述路径。

国外对农产品价格波动溢出效应的研究集中于 20 世纪末与 21 世纪初，由于农产品价格波动的加剧，对各类农产品垂直传导的研究也逐渐丰富起来。Khan and Helmers（1997）较早使用 VAR 模型研究了美国玉米价格波动与肉类数量及包括农场、零售与批发价格波动的动态关系，且波动采用了滚动方差去衡量，发现牛肉相比于猪肉更容易受到玉米价格波动冲击的影响。Natcher and Weaver（1999）使用 GARCH 模型与 VAR 模型研究了 1970 年 1 月到 1998 年 12 月美国牛肉产业链价格波动的传导效应，从条件方差的结果可知，对价格不确定部分的冲击在任何牛肉市场都是不持久的，表明牛肉市场运行是有效的，此外牛肉零售价格的波动可以传导给批发价格波动。对于除美国以外的农产品价格波动垂直传导，Apergis and Rezitis（2003）利用 GARCH 模型研究了希腊的农产品投入品价格、农场价格和零售价格之间的波动溢出效应，实证结果表明，农产品投入品和零售的价格波动对农场的价格波动均具有显著的正向溢出效应，农场价格比投入品价格和零售价格的波动性更大。同一时期，Rezitis（2003）同样采用 GARCH 模型对希腊的羊肉、牛肉、猪肉和家禽四类市场农场价格与零售价格之间的波动溢出效应进行了验证，结果表明每个市场间都存在相关性。

在水产品研究方面，Buguk et al.（2003）基于 1980—2000 年投入品、饲料、农场和批发的月度价格数据，采用单变量 EGARCH 模型检验产业链价格波动的垂直传导，结果表明玉米、大豆、鲱鱼价格和鲶鱼价格（饲料、农场和批发价格）之间存在显著的单向波动溢出效应。在粮食品种研究方面，Kavoosi－Kalashami and Kalashami（2017）基于 1999—2013 年的月度数据构建 GARCH 模型探讨了伊朗桂兰省大米批发和零售市场价格波动存在的溢出效应。上述国外的研究中，农产品价格波动的垂直传导都体现在产业链的路径相互影响上。此外，还有一些学者的研究表明食品安全事件、新闻的影响等可能会沿着产业链对农产品价格波动或者波动传导进行影响（Zheng et al.，2008；Serra，2011）。

中国学者早期研究主要集中在农产品价格的垂直传导，并侧重对产业链价格的非对称研究（胡华平和李崇光，2010；杨朝英和徐学英，2011；于爱芝和郑少华，2013；王晶晶等，2014；董晓霞等，2014；潘方卉和李翠霞，2015）。大量学者从价格水平即一阶矩的关联性考察了价格的垂直传导，但对农产品价格波动即二阶矩的垂直传导的文献较少，随着 GARCH 模型的发展，特别是多变量 GARCH 模型在波动溢出方面应用的普及，一些学者借鉴此方法对中国农产品产业链价格波动垂直传导进行了研究。李秋萍等（2013）运用 VAR－BEKK－GARCH（1，1）模型研究了中国大豆、小麦、粳稻和籼稻产业链各环节价格均值与波动溢出效应，发现四大品种产业链价格间的均值波动溢出存在着差异性，但四大品种产业链上、中、下游价格波动间均存在显著的双向溢出效应。高群和宋长鸣（2016）选取生猪与肉鸡产业分别作为家畜养殖与家禽养殖业的典型代表，采用 VAR－BEKK－GARCH（1，1）模型考察了 2000—2014 年畜禽产业链上中下游不同环节的价格均值和波动溢出效应，结果表明，对于价格的波动溢出，生猪与肉鸡产业链各环节价格均存在自身和彼此之间显著的双向波动溢出效应，且肉鸡产业链不同环节价格间的波动溢出效应更为显著。

2.3.3.2　农产品价格波动空间传导

相对于农产品产业链间的价格波动垂直传导而言，不同市场间价格波动空间传导的研究成果更为丰富。不同市场间既可以表示不同商品品种的市场，又可以表示为不同区域的市场，当然也可以表示品种与区域均不同的市场。为更加清晰地对文献进行分类，本研究将农产品价格波动空间传导分为侧重研究不同商品品种的空间传导与侧重研究不同区域的区域空间传导。

（1）农产品价格波动品种空间传导

原油等能源作为农业发展的重要物质，其市场与农产品市场的联系越来越紧密，能源价格波动对农产品价格波动的溢出效应也受到众多学者的关注。Harri and Hudson（2009）的研究结果表明，美国原油价格的波动是玉米价格波动的格兰杰原因，因此作者的经验证据支持了信息从能源市场流向玉米市场的发现。同样，Wu et al.（2011）的研究也证明原油价格对玉米现货价格和期货价格具有显著的波动溢出效应，而且这些溢出效应是时变的。此外，作者的研究表明在 2005 年美国能源政策法案出台后，玉米市场与原油市场的联系更加紧密。随后，许多学者对原油与农产品价格波动溢出效应进行检验时均采用了分阶段的分析方法。Du et al.（2011）利用随机波动模型检验了 1998 年11 月到 2009 年 1 月期间原油对玉米和小麦的价格波动溢出效应，结果表明对于 2006 年 10 月之前的第一阶段并没有存在显著的波动溢出效应，而从 2006 年10 月到 2009 年 1 月的第二阶段，原油对玉米和小麦均存在显著的波动溢出效应。Nazlioglu et al.（2013）利用方差因果关系和脉冲响应检验了原油价格对包括小麦、玉米、糖和大豆等四种农产品价格的波动传导，并将 1986 年 1 月至 2011 年 3 月的每日数据以 2006 年 1 月 1 日为分割日划分为危机前和危机后，结果表明危机后原油的市场波动对农产品（糖除外）市场波动产生溢出效应。Lu et al.（2019）考察了自 2008—2009 年金融危机以来原油和农产品市场波动溢出效应，研究发现危机时期原油和农产品市场存在着短期波动的双向溢出效应，而危机后只有玉米的中长期波动传导至原油波动，原油市场不存在对农产品市场的波动溢出效应，这些发现表明原油和农产品市场在 2008—2009 年金融危机后变得不那么一体化了。此外，一些研究表明原油对农产品市场的影响存在着差异性，Onour and Sergi（2012）使用全球小麦、玉米、原油、化肥四类商品，利用 BEKK - GARCH 模型对价格之间的波动传导进行了研究，发现石油市场意外消息的冲击对小麦和玉米的波动有显著的影响，但原油价格波动对玉米和小麦市场波动影响却不显著。

除原油对农产品市场波动溢出效应研究外，许多学者开始关注乙醇能源，并将其加入对农产品价格波动影响的研究中。Serra（2011）利用半参数GARCH 模型来检验巴西原油、乙醇和糖价格之间的关系，结果表明，研究的价格之间存在强烈的波动溢出效应。Gardebroek and Hernandez（2012）研究了 1997 年至 2011 年间美国原油、乙醇和玉米价格的波动传导，结果只发现了玉米到乙醇市场的单向波动溢出效应，并指出没有证据表明能源市场的波动能够传递给农产品市场。

除了能源市场的影响，与特定农产品相关的产业也影响着其价格波动。Rezitis（2003）利用 GARCH 模型研究了羊肉、牛肉、猪肉和家禽肉四种肉类的波动溢出效应，研究结果支持了四种肉类之间存在着显著影响的结论。Lahiani et al.（2013）对 2003—2010 年间全球糖、小麦、玉米和棉花四种主要农产品的收益率和波动溢出效应进行了研究，发现尽管存在着波动传递方向的不同，但这四种商品之间仍存在着波动溢出效应。Gardebroek et al.（2013）使用多元 GARCH 模型研究了美国玉米、小麦和大豆市场之间的波动传导，发现三种商品价格收益率的均值不存在相关关系，但却存在着波动溢出效应。

（2）农产品价格波动区域空间传导

区域的空间传导是指不同区域的产品由于替代作用而产生的影响，在实践中，学者们往往侧重分析针对某些特定的农产品一个（如国外）市场对另一个（如国内）市场的影响。Sarker and Oyewumi（2015）使用 EGARCH 模型来判断波动是否从纳米比亚的绵羊市场溢出到南非的绵羊市场，研究发现纳米比亚绵羊市场的波动率约有 71％传导到南非的零售市场，这种波动率的传导仍在持续。Chen and Zapata（2015）探究了 1996 年 6 月到 2013 年 12 月美国和中国之间生猪价格波动的动态关系，研究结果表明存在着中国对美国生猪价格的单向波动溢出效应。Rahayu et al.（2015）使用 EGARCH 模型研究国际市场对印度尼西亚咖啡价格波动的溢出效应，发现巴西、哥伦比亚和越南的咖啡价格收益率对印度尼西亚的咖啡价格收益率不存在波动溢出效应。Dahl and Jonsson（2018）使用 2009 年 1 月至 2015 年 11 月海产品贸易数据研究了世界三大海产品市场（欧盟、日本和美国）中的鱼类和甲壳类动物的波动溢出效应，结果表明波动溢出源于净出口市场，并传导到净进口市场，在甲壳类动物中尤为明显。因此，随着国际贸易的一体化与经济全球化的发展，各国农产品之间的价格波动的影响也逐渐加深，其区域空间的传导研究将来可能会逐步扩展与深入。

中国学者对于国内农产品价格波动的空间传导的研究主要集中于最近十多年，在借鉴国外理论模型的基础上扩宽了其适用的领域，对中国农产品价格波动空间传导研究取得了较为丰富的成果。在品种空间传导方面，首先针对国内能源市场对国内农产品波动传导的研究，吴海霞等（2012）较早用 BEKK - GARCH 模型分析了中国的原油、玉米、燃料乙醇市场之间的波动溢出效应，结果表明，三市场间存在原油市场与玉米市场间的双向波动溢出效应和原油市场到燃料乙醇市场、燃料乙醇市场到玉米市场的单向波动溢出效应。肖小勇和章胜勇（2016）利用同样的模型考察了国内原油价格对玉米、大豆、小麦、猪肉四种农产品价格的溢出效应，分析结果认为原油价格与玉米、大豆、生猪价格间存在显著的双向波动溢出效应，却与小麦价格间不存在波动溢出效应。其次，对于国外能源对国内农产品价格波动的影响，郭玉晶等（2016）基于离散小波和BEKK模型研究了国际原油期货市场与中国主要的农产品期货市场（小麦期货、大豆期货、玉米期货、棉花期货）的波动溢出关系，研究发现不同的品种表现出不同的波动溢出状态。具体表现在：原油市场与玉米、大豆市场均存在双向波动溢出效应，原油市场存在向小麦市场的单向波动溢出效应，而原油与棉花市场不存在波动溢出效应。同样，徐媛媛等（2018）的研究也证实国际原油价格波动对中国玉米价格波动的影响显著。此外，对于中国农产品不同品种之间波动的影响，毛学峰等（2018）利用DCC－GARCH模型来研究中国猪肉、牛肉、羊肉和鸡肉四大肉类产品市场之间的波动溢出性，结果发现四大肉之间存在着明显的波动溢出效应，牛羊肉间的波动联系最大，猪肉与牛羊肉价格间的联系次之，而鸡肉与其他肉类价格的波动联系最小。王朋吾（2017）和韩啸等（2017）均对中国粮食市场价格波动溢出效应进行了研究，王朋吾（2017）利用修正GARCH模型的研究证实，大米、小麦、玉米和大豆均呈现出显著的价格波动和溢出信号，大豆和小麦的双向联动效应明显，大米和小麦联动效应相对于整个粮食产品市场价格波动较大。但韩啸等（2017）的研究显示，小麦与大豆间不存在价格波动溢出效应，而小麦与玉米、玉米与大豆间存在显著双向波动溢出效应。而吴海霞和王静（2012）的研究更为深入，他们分别分析了价格在双轨制条件下和市场化条件下中国小麦、玉米、大豆市场间的波动溢出效应，结果表明不同时期下粮食市场内价格波动溢出效应存在差异性。

在区域空间传导方面，一些学者开展了国际粮食市场对中国粮食市场波动溢出效应的研究（肖小勇等，2014；李光泗等，2015；李光泗等，2018）。但研究结论存在着不同，肖小勇等（2014）的研究认为大豆国内外价格间存在双向波动溢出效应，而大米、小麦和玉米国际价格对国内价格不存在波动溢出效应；李光泗等（2015）得出国际大米市场对中国大米市场价格波动溢出效应不显著，国际小麦、玉米和大豆价格波动对中国小麦、玉米和大豆价格波动则分别产生显著影响的结论。随后，李光泗等（2018）基于不同的样本区间得出具有差异化的结论，认为国内外大豆、玉米市场存在双向波动溢出效应，国际小麦、大米对中国小麦、大米市场均不存在价格波动溢出效应。而对某个特定农产品的国内外波动传导，中国学者们也进行了一些具体的研究。林学贵

（2016）对棉花的国际期货市场、国内现货市场与国内期货市场的波动溢出效应进行了研究，发现棉花的国际期货市场与中国现货市场、国际期货市场与中国期货市场均存在双向的波动溢出效应。高群和柯杨敏（2016）从能源化视角探讨了国内外食糖市场间的价格波动溢出效应，发现国际糖价对国内糖价存在着单向的波动溢出效应。丁存振和肖海峰（2019）对国内外羊毛市场之间的波动溢出效应进行了研究，结果显示澳大利亚及新西兰羊毛市场均与中国羊毛市场之间存在显著的双向波动溢出效应。对于中国原料奶市场，严哲人等（2018）利用滚动协整分析法和 BEKK - GARCH 模型研究了国内外原料奶市场的波动溢出效应，结果发现仅存在国际原料奶市场对国内原料奶市场的单向波动溢出效应。

综上，关于波动溢出的文献表明，对波动溢出的研究方法可分为两类：一是将价格时间序列数据处理成波动序列数据，然后通过 VAR 或 VECM 等模型的建立直接分析波动的溢出效应；二是对价格或者价格收益率序列建立GARCH 类模型，研究其方差即波动的溢出效应，这也是目前大部分研究所采用的研究方法。

2.3.4　文献评述

从国内外农产品价格波动相关文献的研究可以看出，国外较早开展了农产品价格波动的理论研究且大量运用现代计量经济模型，对农产品价格波动的测算、影响因素、传导路径等展开了丰富的实证研究。相比于国外的研究，中国学者对价格波动的研究起步较晚，相关研究成果主要集中于最近十多年，罗锋和牛宝俊（2009）、丁守海（2009）、王少芬和赵昕东（2012）较早利用 VAR模型、VEC 模型及协整检验等方法系统研究了国际农产品价格波动对中国农产品价格的影响，并对中国农产品应对国际价格冲击提供了有价值的参考依据。但这些研究实际上更多的是"价格水平"上的传导，而非"价格波动"的传导。最近十多年的研究开始越来越多地关注农产品的价格波动，且由于研究方法或样本区间不同，导致研究结论也存在着差异性。

在研究对象上，中国大部分对农产品价格波动的研究集中在玉米等粮食品种与猪肉等畜牧品种上，而对易腐农产品的原料奶产业，由于开展相关数据统计时间较晚等原因，现有研究对原料奶价格波动的系统研究尚需加强。尤其是奶业振兴行动的提出，原料奶产业的发展获得了更多的重视，为促进中国原料奶产业的健康发展，原料奶价格波动成为了我们必须关注与解决的问题。

在研究内容上，国内现有文献对某一类农产品价格波动的传导研究侧重于垂直传导或者是空间传导，其中空间传导的文献相对较为丰富。而对原料奶产业而言，虽然学者们从理论上指出产业链联结机制与国外奶粉市场的影响是影响产业发展的两大突出问题，但鲜有从产业链和空间的视角对原料奶价格波动的传导进行系统研究的文献。同时，缺乏从规模视角对平抑原料奶价格波动的实证研究，无法判断规模因素对原料奶价格波动的影响方向与程度大小。

因此，对中国原料奶价格波动的研究留下来一系列可供检验的命题，本研究首先在分析原料奶价格波动的影响因素基础上，从显性特征与隐性特征挖掘中国原料奶价格波动的规律与特征；然后从垂直传导与空间传导两个角度，探寻中国原料奶价格波动的传导机制与作用效果；最后，从养殖规模的角度检验出能有效平抑价格波动的养殖规模，并对中国一些省份在稳定原料奶价格方面的实践进行概述与对比总结。

第3章 中国原料奶产业发展概况与价格波动影响因素分析

3.1 中国原料奶产业发展概况

3.1.1 中国原料奶产业的发展历程

新中国成立之初，中国奶业尤其是奶牛养殖业举步维艰，1949年总人口有五亿的中国，仅有12万头奶牛，年产原料奶21万t（庹国柱，2000）。从新中国成立到改革开放前，实行公私合营，奶牛为生产资料，主要由国营农场进行生产，并实行生产、加工及销售一条龙的体制（张溯，2009）。这一时期原料奶供给不足，到1978年全国奶牛存栏量也仅为48万头，其中国营与集体饲养占据了93.75%（张溯，2009）。在此期间，养多少奶牛是由国家决定的，牛奶的价格也是政府定价，牛奶的消费也仅限于为数不多的富裕家庭与特殊人群。1978年改革开放以后，中国奶牛养殖业迅速发展，无论是原料奶产量还是奶牛存栏量都得到了飞速的发展与增长，原料奶产业演化呈现出S形的生产曲线形态（图3.1）。根据不同时期的阶段特征，参考庹国柱（2000）、郑军南（2017）、卫龙宝等（2018）的研究，可将改革开放以后的原料奶产业的发展分为以下几个阶段：

(1) 初步成长期（1978—1992年）

1978年改革开放以后，中国政府开始允许私人养奶畜，在体制机制创新实现突破后，生产要素被全面激活。奶业生产实现"国营、集体、个体一起上"的发展方针，个体逐步替代国营和集体成为最主要的生产主体（张溯，2009）。此外，政府也开始注重奶业的发展，1980年，国务院在转批农业部《关于加速发展畜牧业的报告》中提出："畜牧业是农业中一个十分薄弱的环节，加速发展畜牧业，大力提高畜牧业在农业中的比重，提高肉蛋奶在食物中的比重，是我们的一项重要任务"。1988年中国政府开始实施"菜篮子工程"，通过奶牛基地的建设确保牛奶的供给，并在大中城市实现牛奶自给率70%的目标。同时，

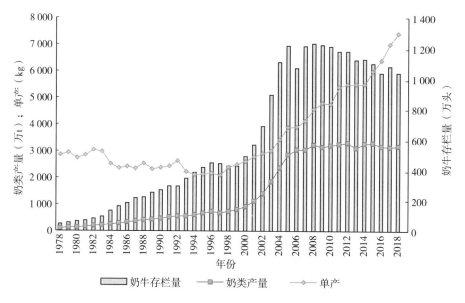

图 3.1　中国奶牛存栏量、奶类产量与单产变化趋势

注：单产指成母牛单产

数据来源：《2019 中国奶业统计摘要》《中国奶业白皮书：中国的奶业》与 2018 年及 2019 年《中国奶业统计资料》。

奶业消费面的扩宽及乳制品工业的发展也加速了奶牛养殖的扩张。

在正确的方针与路线的指引下，中国原料奶产业进入初步成长期。奶牛存栏量与奶类产量从 1978 年的 47.5 万头与 97.1 万 t 增长到 1992 年的 294.6 万头与 563.9 万 t，年均增长率分别达到了 13.92% 和 13.39%。但这段时期，原料奶产量的增加主要是基于奶牛数量的扩展，母牛单产没有增长反而呈现震荡微跌的趋势（图 3.1），原因在于这一时期原料奶生产主要由管理水平较好、规模较大的国营农场转向了奶牛养殖散户，但奶农在科技、管理水平及经验方面的不足影响了奶牛的产量，导致了全国奶牛单产水平的下降。整体而言，相对于有效需求，中国原料奶供给在这一阶段实现了由卖方市场向买方市场的转变（何玉成，2003）。

（2）改革调整期（1993—1997 年）

1993 年，中国原料奶产量结束了从 1978 年以来的持续增长的态势，首次出现了负增长。尽管相比于 1992 年，1993 年奶类产量仅降低 0.2 万 t，但原料奶产量降低主要体现在牛奶产量上，牛奶产量由 1992 年的 503.1 万 t 降低到 1993 年的 498.6 万 t，降幅达到了 0.895%。之后，原料奶总产量继续增加，到 1997 年又开始下降。对于奶牛存栏量，1993 年到 1996 年牛群规模连续扩张，1997 年才呈现微弱的下降。此外，相对于上一阶段，母牛单产得到了一定的提升。

造成这一阶段调整的原因主要是流通体制、价格体制等改革造成的暂时性波动（郑军南，2017）。一方面，20 世纪 80 年代中后期，取消了"以奶换料"的平价饲料供应政策，但却未同步进行牛奶销售价格改革，致使牛奶生产成本提高（张溯，2009）。同时，牛奶消费相对饱和及奶粉滞销积压的现象也使得生产者减少供给（庹国柱，2000）。另一方面，20 世纪 90 年代初，中国放开了牛奶购销价格并取消了牛奶补贴，奶业开始了市场化改革，外国企业被允许进入中国市场参与竞争（张溯，2009）。因此，在多方因素的综合作用下，中国政府和企业积极进行改革与调整，为中国进入高速发展阶段做好了准备。

（3）高速发展期（1998—2008 年）

从 1998 年开始，中国原料奶产业进入了十年高速发展的新阶段。在此期间，中国奶类总产量分别于 2001 年、2004 年与 2006 年跨越 1 000 万 t、2 000 万 t 与 3 000 万 t 三个台阶。到 2008 年，中国奶类总产量和奶牛存栏量达到 3 236.2 万 t 和 1 230.5 万头，分别是 1998 年的 4.34 倍与 2.89 倍。这一阶段，原料奶生产的高速增长是由奶牛存栏量的扩张与单产的提升共同推动的（图 3.1），且奶牛存栏量的增加是主导因素（Fuller et al.，2006；Wang et al.，2015）。

业界普遍将这一时期称为中国奶业发展的"黄金时期"，原料奶与乳制品产量呈井喷式增长。这一现象是多种因素综合作用的结果，除国家政策的大力支持、居民收入水平的提升等宏观因素外，两大微观因素在助推中国原料奶产业发展中也发挥了十分关键的作用。第一，超高温灭菌技术的引进。保质期短成为制约液态奶跨区域销售的一大屏障，为打破这一屏障，伊利于 1997 年率先在业内上马两条利乐液奶生产线，把牛奶保质期延长到了 7 个月[①]。超高温灭菌技术彻底改变了中国乳制品市场的消费结构，液态奶存储与运输不再需要冷链设备，开始取代奶粉与巴氏杀菌奶成为市场上主要的消费品。第二，流通模式的创新。中国超市起始于 20 世纪 90 年代初，并在 90 年代中后期迅速发展，超市在与传统奶制品零售业态竞争的过程中具有客流量大、集货性强、信息反馈迅速和拥有冷链设备等优势，在 20 世纪末确立了在奶制品销售中的主导地位，同时超市也进一步推动了奶制品的跨区域销售（胡定寰等，2003，2004）。新技术的引进与新流通模式的出现，带来了中国乳制品的爆发式增长，

---

① 资料来源：奶业振兴：从"凭票打奶"到"黄金十年"（https://www.sohu.com/a/244933906_391294）。

进而极大地增加了对原料奶的需求，在市场的需求下，越来越多的农民加入奶牛养殖行业，奶牛存栏量扩张迅速，加上养殖技术的不断提升，促进中国原料奶产量快速增长。

（4）转型升级期（2009—2018年）

20世纪末及21世纪初，中国奶业在高速发展的过程中，也隐藏着各种矛盾与问题。2008年发生的震惊世界的三聚氰胺丑闻，将奶业迅速扩张中的盲目性、无秩序性、重数量轻质量等问题暴露出来，可以说这次丑闻是偶然中的必然事件。三聚氰胺事件爆发后，国务院立即启动国家重大食品安全事故Ⅰ级响应，并成立由卫生部牵头、质检总局等有关部门和地方参加的领导小组，紧急查处三鹿奶粉事件。同时，国家出台了《乳品质量安全监督管理条例》《奶业整顿和振兴规划纲要》等法律法规，同时各部委、地方政府与部门也出台各项政策来保障奶业质量安全。

这一阶段，中国原料奶产业进入了从"数量主导"到"质量主导"的转型升级期。最为明显的变化是原料奶产量总体上保持在一个稳定水平，奶类总产量从2008年的3 236.2万t降低到2018年的3 176.8万t，且十年内奶类产量基本上在3 100万t与3 200万t上下徘徊，由于奶牛存栏量呈震荡下降趋势，2018年奶牛存栏量比2009年下降高达15.00%，原料奶产量主要靠母牛单产的提升来维持（图3.1）。此外，在政府的支持下，中国奶牛养殖规模化程度不断提升，规模化的养殖场成为奶牛养殖的主流。尽管中国原料奶产业由于转型期的阵痛让众多奶农退出了奶牛养殖业，但在政府与行业企业的努力下，中国原料奶质量及安全水平得到了极大提升。从2009年到2018年十年时间，中国累计抽检的原料奶样品达到了219 890批次，合格率99.9%，黄曲霉毒素M1、铅、铬、三聚氰胺和革皮水解物等监测指标样品抽检合格率为100%（中国奶业协会，2019）。可以说，中国原料奶质量安全已经达到了历史最好水平。

（5）全面振兴期（2019年以后）

2018年6月，国务院办公厅印发《关于推进奶业振兴保障乳品质量安全的意见》，再次指出"奶业是健康中国、强壮民族不可或缺的产业，是食品安全的代表性产业，是农业现代化的标志性产业和一二三产业协调发展的战略性产业"，并提出"到2025年，奶业实现全面振兴，基本实现现代化，奶源基地、产品加工、乳品质量和产业竞争力整体进入世界先进行列"；2018年底，经国务院同意，农业农村部等九部委联合印发《关于进一步促进奶业振兴的若干意见》，提出"以实现奶业全面振兴为目标，优化奶业生产布局，创新奶业发展方式，建立完善以奶农规模化养殖为基础的生产经营体系，密切产业链各环节利益联结，提振乳制品消费信心，力争到2025年全国奶类产量达到4 500万t，切实提升我国奶业发展质量、效益和竞争力"。

奶牛养殖业是奶业的上游及基础环节。中国奶业的全面振兴也是中国原料奶产业的全面振兴，尤其是面临着 2025 年原料奶产量达到 4 500 万 t 及保障奶源自给率的目标，通过运用先进的科学技术进一步提高奶牛单产及稳步提升奶牛存栏量是未来中国原料奶产业在全面振兴期面临的重要任务。

3.1.2　中国原料奶生产面临的主要挑战

近年来，尽管中国原料奶总产量和奶牛存栏量不升反降，但产业的发展更重要的是看质量，目前奶牛品种、遗传育种、饲料营养、饲养技术、疾病防控、机械装备、设施条件、质量监控，包括人员素质都已经接近或达到了世界一流水平（高鸿宾，2018）。总之，中国原料奶产业发展质量有了很大的提升，基本实现了由传统向现代的转型。但近年来，中国原料奶产业在发展过程中，仍然面临着一些突出的问题与挑战，成为未来推进中国奶业振兴中关注的重点。

（1）产业竞争力不足

中国原料奶产业竞争力不足的关键因素在于奶牛养殖成本过高，与发达国家相比，中国的养殖成本高 40％到 60％①。造成中国原料奶生产成本居高不下的原因有以下几个方面：

第一，精饲料中的玉米、豆粕价格长期持续高于国际市场。从图 3.2 可知，2009 年到 2018 年，国内玉米与豆粕价格始终高于国际市场。玉米国内国际价格比波动较大，玉米价格在 2011 年 4 月仅高于国际市场 5％，但在 2014 年 9 月高于国际市场却达到了 169％，到 2018 年高于国际市场 80％以上。相比于玉米价格，2009 年到 2018 年豆粕国内国际价格比相对较为稳定，国内价格高于国际市场基本维持在 40％左右。

第二，苜蓿、燕麦等粗饲料供给不足。目前，中国优质粗饲料无法实现国内有效供给，严重依赖进口。据《2019 中国奶业统计摘要》数据显示，中国苜蓿和燕麦干草进口量分别从 2009 年的 7.42 万 t 和 1 546t 增长到 2018 年的 138.34 万 t 和 29.36 万 t，年均增长率分别达到了 38.41％和 80.44％。而中国规模养殖场的快速发展加速了对优质粗饲料的需求，据国家奶牛产业技术体系对国内 850 个养殖场的调研显示，半数以上养殖场苜蓿和燕麦草使用进口产品，而对于大型牧业集团，苜蓿干草基本 100％进口（中荷奶业发展中心，2017）。相比于美国、荷兰等发达国家将牧草种植与奶牛养殖紧密结合的"种

---

① 资料来源：农业农村部就介绍奶业振兴成效有关情况举行新闻发布会（http://www.moa.gov.cn/hd/zbft_news/nyzxcx/）。

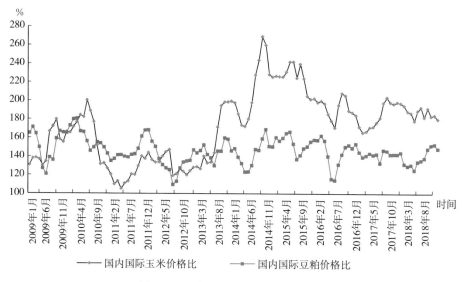

图 3.2　国内国际玉米和豆粕价格比

数据来源：《2019 中国奶业统计摘要》《2012 中国奶业年鉴》与国际货币基金组织（IMF）。

养一体化"模式，大量的粗饲料进口必然增加中国奶牛养殖的成本。

第三，越来越严格的环保政策。近年来，中国养殖业的环保政策逐步收紧，环保执法力度持续加大。2013 年以来，中国政府陆续制定与修订了《禽畜规模养殖污染防治条例》《中华人民共和国环境保护法》《中华人民共和国固体废物污染环境防治法》《中华人民共和国大气污染防治法》等法律法规，从立法的高度对禽畜养殖过程中环境污染防治作出了规定。2017 年，《国务院办公厅关于加快推进畜禽养殖废弃物资源化利用的意见》提出："到 2020 年，建立科学规范、权责清晰、约束有力的畜禽养殖废弃物资源化利用制度，构建种养循环发展机制，全国畜禽粪污综合利用率达到 75％以上，规模养殖场粪污处理设施装备配套率达到 95％以上，大型规模养殖场粪污处理设施装备配套率提前一年达到 100％"。2018 年 1 月 1 日，《中华人民共和国环境保护税法》正式施行，奶牛养殖起征规模是存栏大于 50 头的牧场。如环保不达标，养殖场将缴纳较高的税额。因此，环保限制一定程度上增加了奶牛的养殖成本，成为约束奶牛养殖业发展的重要因素。

由于生产成本过高，中国的原料奶价格也相应地提升，目前中国原料奶价格已经成为世界上最高的国家之一，较高的原料奶价格直接影响了原料奶产业的国际竞争力。除上述原因外，相比发达国家，中国的奶牛单产低、饲料转化率低、奶牛疾病防控技术待加强等都是制约中国原料奶产业竞争提升的重要因素。

（2）利益联结机制不完善

从 20 世纪末开始，中国奶业开启了以龙头加工企业为主导的发展之路，在生产环节，大量的散户为养殖主体，而加工环节几大龙头企业则占据了绝大部分市场份额（卫龙宝等，2018）。在这种养殖与加工分离模式下，奶农由于"散、小、弱"的特性在利益博弈中处于弱势地位，由于奶农每天都需要挤奶且必须及时销售出去，无论是原料奶的收购决定权还是原料奶价格的话语权，基本上都掌握在加工企业手上。"倒奶杀牛"事件就是奶牛养殖与加工分离模式下双方矛盾爆发的体现，当市场供给充足时，一些乳品加工企业会选择限收停收原料奶，导致国内部分地区发生"卖奶难"问题，最终出现"倒奶杀牛"事件。

同时，由于奶农与乳品加工企业未形成合理的利益联结机制，加工企业通过获得博弈中的话语权将消费市场的风险转嫁给奶农。据韩磊和刘长全（2019）的研究显示：以国内某一上市企业为例，经研究与统计，最终超市零售价格约为原料奶均价的 5.8 倍，大幅高于美国与欧盟等奶业发达国家和地区。1995—2016 年，美国液态鲜奶与原料奶平均价格之比的均值仅为 2.33；自 2014 年以来，在英国和法国，液态鲜奶与原料奶平均价格之比的均值分别为 2.27 和 3.62。因此，中国奶业产业链地位不对等与利润分化严重的现状已经成为奶业最为突出的问题，这也是 2016 年下游乳品加工企业业绩持续上升、上游养殖户持续亏损，呈现出"冰火两重天"现象的根本原因。可以说，中国的奶农获得了产业链最低的收益，却承担了最大的市场风险。

（3）进口乳制品的冲击

三聚氰胺事件发生以后，中国乳制品进口数量持续增加，而出口开始骤减。2018 年，中国乳制品进口量达到了 263.51 万 t，而出口仅为 5.35 万 t（表 3.1），进出口贸易逆差严重。2018 年，中国进口乳制品折鲜达到了 1 637.85 万 t[①]，占国内原料奶产量的比重高达 51.56%。

表 3.1　2018 年中国乳制品进口与出口数量

品种	类型	进口量（t）	出口量（t）
乳制品		2 635 113	53 474
液态奶		704 153	29 973
	液奶	673 294	27 123
	酸奶	30 859	2 850

① 数据说明：进口乳制品折鲜＝（液奶＋酸奶）＋（奶粉＋炼乳＋乳清＋奶油＋婴幼儿配方奶粉）×8＋奶酪×10。

（续）

品种	类型	进口量（t）	出口量（t）
干乳制品		1 930 960	23 501
	奶粉	801 489	3 135
	炼乳	27 523	2 757
	乳清	557 245	592
	奶油	113 330	2 139
	奶酪	108 278	190
	婴幼儿配方奶粉	323 096	14 688

数据来源：《2019 中国奶业统计摘要》。

从分类品种来看，液态奶进口主要的品种是液奶（鲜奶），2018 年进口量占进口液态奶比重为 95.61%；干乳制品进口主要的品种为奶粉、乳清和婴幼儿配方奶粉，2018 年进口量分别占进口干乳制品的比重为 41.51%、28.86% 和 16.73%。进一步，可以将进口乳制品的品种分为消费乳品与原料乳品。消费乳品以液奶和婴幼儿配方奶粉为主；原料乳品则以奶粉和乳清为主。

从图 3.3 可以看出，在消费乳品中，婴幼儿配方奶粉和液奶进口量呈迅速增长态势，尤其是液奶进口，从 2009 年到 2018 年十年间增长了 52.69 倍；而婴幼儿配方奶粉价格尽管长期高于国产婴幼儿奶粉价格（韩磊和刘长全，2019），其进口量也表现出稳定增长的趋势。在原料乳品中，从 2009 年至

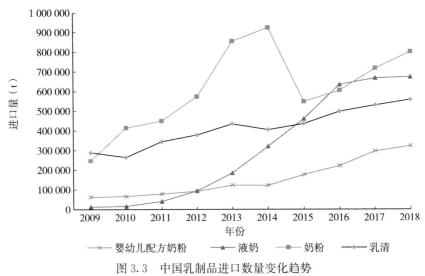

图 3.3　中国乳制品进口数量变化趋势

数据来源：《2019 中国奶业统计摘要》与《2012 中国奶业年鉴》。

2018 年，中国奶粉与乳清进口整体上快速增长，相比于乳清进口的稳定增加，由于市场的价格与供求变动，奶粉进口波动更加明显。

　　乳制品进口对中国包括养殖业、加工行业及消费者等多方造成不同程度的影响。在奶牛养殖业方面，对原料奶市场造成了冲击，是奶农"倒奶"现象的重要因素之一，动摇了农民从事奶牛养殖的信心（魏秀芬等，2013；胡冰川和董晓霞，2016）。

3.2　原料奶价格波动影响因素分析

　　原料奶价格的波动是诸多因素共同作用的结果，由于现实经济的复杂性，一项研究不可能将所有的影响因素都纳入分析框架中。本部分主要基于中国原料奶的相关资料，结合产业发展的现状，从理论层面分析与探讨可能会影响原料奶价格波动的重点因素，并在后续实证分析中根据研究目标剥离出一些可量化的影响因素进行详细剖析。

3.2.1　国内供给因素

　　供给直接决定着生产量，当市场在短时间内需求不变或变化较小时，供给成为影响价格波动的最关键因素。国内供给对原料奶价格波动的影响主要体现在自然条件、生产成本与替代品价格三大方面。

　　（1）自然条件包括了季节变化、土地供给、自然灾害、重大疾病等方面

　　季节变化决定了原料奶生产与价格具有季节性差异，每年 3 月开始，随着气温的温和回升，奶牛进入高泌乳期，到了夏季 8、9 月份可能受热应激反应，奶牛产量会下降，从 10 月到第二年的 2 月，随着国内步入寒冬，奶牛的产量为一年中最低的季节。因此，一年内原料奶生产的倒 U 型使得原料奶价格季节波动呈现 U 型的特征（于海龙等，2018）。近年来，随着中国奶牛规模化养殖的扩大，土地成为制约养殖场扩大规模的重要因素。中国大部分农村土地为农业生产区，且面临着人多地少，水源、耕地等自然资源稀缺的现状，而奶牛养殖作为高排污产业，对资源需求与配套设施的要求较高，单位土地面积上可承担的奶牛数量是有限的。因此，未来土地需求的压力可能会限制奶牛养殖的扩大，从而影响原料奶的供给与价格。自然灾害与重大疾病对奶牛养殖业的冲击是迅速且明显的，如奶牛发生口蹄疫、结核病等疫情时，养殖户尤其是大中型牧场中的大量奶牛会被屠杀，且短时间内供给很难得到补充，从而造成原料奶价格的波动。

　　（2）生产成本变动会直接影响原料奶生产，继而引起原料奶价格的波动

　　成本变化是原料奶市场变化的重要原因，结合前述研究可知，近些年中国奶业养殖的高成本造成了原料奶的高价格。生产成本的波动必然通过奶牛养殖传导到原料奶产业，引发原料奶价格的波动。据《全国农产品成本收益资料汇编 2019》数据，中国每头奶牛的生产成本包括物质与服务费用、人工成本两大部分，2018 年每头奶牛的物质与服务费用为 15 533.08 元，占据了生产成本的 81.13%，是奶牛生产成本的最主要构成部分。其中，精饲料费、青粗饲料费与固定资产折旧费是物质与服务费用的主要组成部分，2018 年每头奶牛的精饲料费、青粗饲料费与固定资产折旧费为 8 597.10 元、3 436.94 元与 2 316.63 元，分别占物质与服务费用的 55.35%、22.13% 与 14.91%。可见，饲料是中国奶牛养殖占比最大的投入品，且饲料投入的变动与生产成本的变动趋势基本一致。2009—2018 年，奶牛的生产成本呈先快速上升后缓慢下降又回升的趋势（图 3.4），而 2014 年之后奶牛养殖生产成本的下降主要是饲料的投入尤其是精饲料费下降的结果，而玉米和豆粕价格下滑是造成精饲料价格下降的主要原因（韩磊和刘长全[①]，2019）。因此，奶牛养殖较高的生产成本尤其是饲料成本成为制约生产并影响价格的重要因素，生产成本的变动成为中国原料奶价格波动重要的推手。

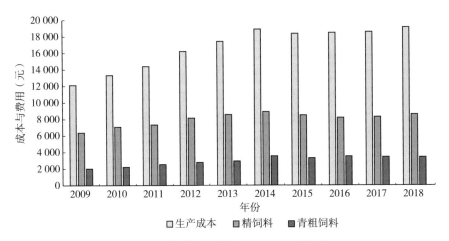

图 3.4 中国奶牛的生产成本与饲料费用

数据来源：历年《全国农产品成本收益资料汇编》。

（3）牛肉价格波动与原料奶价格波动具有一定的关联性

对于消费者而言，替代品价格是影响市场需求的重要因素，但对于奶农而

---

① 注：韩磊和刘长全的研究提出的是奶牛养殖的总成本，由于总成本包括生产成本和土地成本，2018 年土地成本仅仅占总成本的 0.3%，故结论适用于生产成本的研究。

言，则是通过原料奶供给来影响价格波动。尽管从消费者的角度来看，牛肉并不能作为原料奶的替代品，但从奶农的角度，牛肉却是原料奶的替代品，奶农可以选择使用奶牛继续产奶或者杀掉奶牛用于卖肉，养殖户的选择行为将牛肉市场与原料奶市场联系起来。"正常"和"非正常"淘汰奶牛是肉牛产业的补充，"乳用"还是"肉用"成为养殖主体面临的选择问题（石自忠和王明利，2018）。当牛肉市场价格持续走高而原料奶价格低迷时，部分养殖户会选择将低产奶牛甚至高产奶牛卖到屠宰场，通过卖肉来实现更好的收益。养殖户淘汰奶牛肉用的行为必然导致原料奶供给的减少，从而引起原料奶价格的波动。

3.2.2　市场需求因素

市场需求作为决定市场价格的另一大重要因素，影响着原料奶市场的价格波动。不同于直接可面向消费者销售的农产品，原料奶不可以直接进入流通领域，必须经过加工后才能流入市场，可见原料奶的需求主体是乳企，乳企将收购的原料奶加工成乳制品后销往市场（柴升，2016）。因此，原料奶的需求与乳制品的需求之间既相互区别又相互联系，不同于居民收入水平与偏好作为影响乳制品主要的市场需求因素，影响原料奶价格波动的需求性因素主要体现在乳企的加工能力变动与乳制品价格波动两个方面。

（1）乳企的实际加工能力决定了其对原料奶需求量，加工能力提升或者变化必然对原料奶价格波动产生影响

加之中国乳制品行业的市场集中度高，区域的原料奶市场需求往往存在着被垄断的现象，因此乳企的加工生产能力直接影响着原料奶市场的需求。依据周宪锋等（2008）的研究，无论是当期还是滞后一期的乳制品加工能力的变动，均能对原料奶需求量的变化产生显著的影响。在中国，特别是市场向好时，乳制品巨头与龙头企业纷纷扩张来实现快速发展，特别是在优质奶源地，依靠规模的扩大实现生产能力的提高，同时也增加对当地原料奶的需求，继而影响原料奶价格的波动。

（2）消费市场上乳制品的价格及其波动影响着乳企对原料奶的需求，从而引致原料奶价格的波动

在中国市场，每年 1 月到 2 月春节期间，乳制品尤其是 UHT 奶、常温酸奶等作为常见的伴手礼，居民消费需求强劲，乳制品价格增长较快，在消费市场的刺激下，乳企会通过增加原料奶收购价格等手段获取更多的原料奶，此时原料奶价格也转为高位水平。同理，当市场消费需求萎靡时，乳制品价格下降较快，此时原料奶市场价格下降也较为明显。可见，中国以乳企为主导的产业结构使得乳企可能运用市场势力将下游消费市场的风险转移给原料奶市场，加剧原料奶价格的波动。

3.2.3 国际贸易因素

国际贸易尤其是进口乳制品对中国奶业的影响已经引起国内广泛的关注与讨论。目前，大量的进口乳制品已经成为中国原料奶生产必须面对的严峻挑战，而进口乳制品品种丰富，哪类对奶牛养殖业影响最大，各品种的影响是否具有差异性，成为本部分重点分析的内容。

上述分析可知，进口乳制品液态奶主要有液奶，干乳制品主要包括了奶粉、乳清与婴幼儿配方奶粉。根据品种的性质划分，可分为消费乳与原料乳。显然，液奶和婴幼儿配方奶粉属于消费乳，其表现为可以直接供消费者食用。奶粉和乳清属于原料乳，需要经过加工后才能进入消费市场。参考朱思柱（2014）根据进口大豆对国内生产不同的影响将进口大豆分为短缺型进口与价差型进口，本研究将依据进口乳制品对原料奶产业不同的作用效果将乳制品进口也分为短缺消费型进口与价差替代型进口，具体作用机理如下：

（1）短缺消费型进口

可将进口液奶、婴幼儿奶粉及乳清划分为短缺消费型。短缺消费型进口并不意味着产品本身是短缺的，如液奶与婴幼儿奶粉国内市场供给十分充足，且占据了大部分市场，而进口是基于消费者对国内商品的不信任导致的，自觉地将国内产品与进口产品的品质属性分离，认为进口商品是"高品质"的象征。从这个角度上看，这些进口产品具有短缺属性。部分进口液奶可被认为是衍生性消费，即这些消费者只消费进口液奶，而如果市场供给不足，消费者会放弃消费。进口婴幼儿配方奶粉的短缺属性表现为即便进口价格长期高于国内产品的价格，进口量仍然逐年上升。由于乳清是生产奶酪的附属品，而中国并没有消费奶酪的传统，奶酪产量很少，故大量进口乳清是因为市场的短缺。此外，进口乳清很大一部分用于饲料生产（王玉庭等，2018），并未进入乳制品市场。因此，可以认为进口液奶、婴幼儿奶粉及乳清主要是为了填补国内此类产品供给的不足，一般不会对原料奶产业造成十分严重的冲击。

（2）价差替代型进口

进口奶粉属于典型的价差替代型进口。由于奶粉作为一种原料粉，可以通过二次加工制作成液奶、婴幼儿配方奶粉等。在中国，低温巴氏奶是不允许使用奶粉还原的，但中国巴氏奶在乳制品消费中占比较低，目前无法从消费端大幅降低乳企对进口奶粉的使用。因此，可以说进口奶粉一定程度上具备了原料奶属性。中国乳制品加工企业主要依据价格因素来决定使用国内原料奶还是进口奶粉，当使用进口奶粉生产乳制品成本低于使用原料奶时，乳企会压低原料奶价格甚至限收、拒收，此时国内原料奶被进口奶粉所替代。因此，奶粉由于其低成本引发的大量进口会直接挤占国内原料奶市场，对国内奶牛养殖业造成很大的冲击，直接加剧原料奶价格的波动。

综上可知，中国原料奶价格波动主要受进口奶粉价格波动的影响，进口奶粉折成原料奶后价格低于原料奶收购价格，即替代品存在价差是中国奶粉进口快速增加的根本原因，大量价格低廉的进口奶粉倒逼乳企使用奶粉替代原料奶，从而引发奶农"有奶卖不出"的困境，加剧原料奶市场的价格波动。

3.2.4　制度性因素

制度性因素一般指政府通过产业政策的制定、实施与调整，引导奶业的发展，从而直接或间接引发原料奶市场的价格波动。中国政府十分重视奶业的发展，出台了多项促进原料奶及关联产业发展的相关政策（刘长全和杨洋，2017）。近年来，出台的主要产业政策有：2005年，农业部印发了《奶牛良种补贴试点项目资金管理暂行办法》，通过提供良种补贴加速奶牛品种改良，提高牛奶的生产能力；2007年，国务院颁布了《关于促进奶业持续健康发展的意见》，提出了"通过发展规模养殖小区（场）等方式，加快推进养殖环节的规模化、集约化、标准化，逐步解决奶牛养殖规模小而散问题"，国家发改委从2008年开始安排中央预算内专项资金用于支持奶牛标准化规模养殖；2012年，中央1号文件决定"启动实施振兴奶业苜蓿发展行动"，积极发展苜蓿优质饲草料，提升牛奶品质并提高奶牛单产；2015年，中央1号文件提出"加快发展草牧业，支持青贮玉米和苜蓿等饲草料种植，开展粮改饲和种养结合模式试点，促进粮食、经济作物、饲草料三元种植结构协调发展"。

通过以上政策梳理，可以发现对于原料奶产业，主要的政策方向有两个：第一，通过降低养殖成本、提高单产等途径提高经济效益；第二，提高养殖规模化。政策对原料奶市场价格波动的影响最终要通过影响市场的供给来实现。对于养殖成本对原料奶价格波动的影响，将在后续的实证研究中通过影响因素分析而得到证实，而养殖规模化对原料奶价格波动的影响也有待进一步考察与检验，同时也是本研究重点探讨的一部分内容。此外，针对原料奶价格波动方面，黑龙江省、山东省等推行了原料奶价格协商机制，通过直接价格干预，避免原料奶价格的暴涨暴跌，稳定当地的原料奶价格。

3.2.5　突发事件因素

突发事件是指产业发展过程中难以准确预料的、具有不确定性的事件。中国奶业发展历史上最为重大的突发事件就是三聚氰胺丑闻，这次事件导致大量散户退出市场，消费者对中国乳制品的信心遭到重创，这次事件波及范围广，影响了中国大部分省份。随后，中国又爆发了蒙牛纯牛奶"黄曲霉毒素超标"事件、"奶粉激素门"事件，尽管没有三聚氰胺事件影响力大，但让本来就难恢复并赢得消费者信心的中国乳业又蒙上了一层阴影。突发事件主要是通过影响奶农、乳企、消费者及政府各个主体的行为和预期，使得市场平衡被打破，从而推动下游乳制品及上游原料奶市场的波动。

3.3 本章小结

本部分对中国原料奶产业发展概况与价格波动影响因素进行了梳理与分析。具体总结如下：

第一，梳理中国原料奶产业的发展历程。将改革开放以来中国原料奶产业发展阶段分为初步成长期、改革调整期、高速发展期、转型升级期与全面振兴期，并刻画了各个时期的原料奶产业的阶段特征。

第二，分析中国原料奶生产面临的主要挑战。尽管中国原料奶产业素质有了很大的提升，但仍面临着产业竞争力不足、利益联结机制不完善与进口乳制品的冲击等突出问题与挑战。

第三，从理论层面剖析中国原料奶价格波动的影响因素。将中国原料奶价格波动影响因素分为国内供给、市场需求、国际贸易、制度性和突发事件五大方面。其中，国内供给因素主要包括了自然条件、生产成本与替代品价格；市场需求因素体现在乳企的加工能力变动与乳制品价格波动两方面；国际贸易因素主要指进口乳制品，本研究将乳制品进口分为短缺消费型进口与价差替代型进口，而价差替代型进口即奶粉进口是对原料奶价格波动影响的最主要因素；制度性因素一般指政府的相关产业政策，其中养殖规模化与原料奶价格协商机制是本研究重点关注的内容；突发事件因素是产业发展中难以预料的随机事件，在中国主要是食品安全事件，其中影响最大的是三聚氰胺事件。

第4章　中国原料奶价格波动规律与特征分析

4.1　引言

　　尽管价格波动是市场机制运行的必然结果，是市场对资源进行配置的实现形式，但市场机制存在着自身难以克服的盲目性、自发性与滞后性，在市场机制失灵的情况下，现实生活中难免会出现价格的剧烈波动，甚至远离其价值的情形，此时表现为社会资源配置扭曲，甚至造成经济主体矛盾的尖锐化。因此，需要发挥政府宏观调控的作用，稳定价格水平也成为宏观经济政策的主要目标之一。对于近年来中国原料奶市场，大幅度的价格波动使得奶农面临着较大的市场不确定性与风险（何忠伟等，2015；魏艳骄等，2016），特别是价格连续大幅度下降时，将使得本身就脆弱的奶牛养殖业蒙受巨大的损失，从而对奶农的养殖积极性造成影响，继而影响中国的原料奶供给。因此，明确考察波动规律与特征是对原料奶价格波动相关研究的首要任务。对于原料奶价格波动的研究，通过剖析其价格波动的规律与特征，有助于理解和把握原料奶市场的运行情况，为稳定价格的科学决策提供一定的理论与现实依据。

　　本研究第 2 章已经对价格波动的度量指标进行了相关总结与回顾，结合不同的度量指标去衡量价格波动的特征成为系统研究农产品价格波动的首要任务。对于中国原料奶价格波动的研究，本书基于不同的序列研究方法将原料奶价格波动分为规律与特征研究。中国原料奶价格波动的规律分析是基于单一的时间序列数据，通过观察或计量方法对中国原料奶价格进行周期性分解，从直观上研究价格波动的规律，更多地体现了价格波动的显性特征。中国原料奶价格波动的特征分析则关注市场价格波动的相关影响因素，通过加入其他的多元时间序列，剥离出原料奶价格波动的本质特征，更多地体现了价格波动的隐性特征。

　　为探究中国原料奶价格波动的规律与特征，本研究首先基于分解法对中国原料奶价格波动进行分析，通过采用 Census X13、H－P 滤波计量方法与"波谷—波峰—波谷"的划分方法，将中国原料奶价格波动分解为季节性要素、周期性要素、趋势性要素、不规则性要素，直观展示出原料奶价格波动的显性特征。其次，在分析影响原料奶价格波动因素的基础上，通过构建 GARCH 类模型，探讨中国原料奶价格波动的集簇性、风险性与非对称性等隐性特征。

4.2　基于分解法的中国原料奶价格波动规律分析

依据前述文献分析可知，常用的成分分解方法是首先通过季节调整方法将时间序列数据的波动分为季节性要素、趋势周期性要素与不规则性要素，然后使用滤波法将趋势周期性要素分解为趋势性要素与周期性要素。针对中国原料奶的市场价格，通过第 2 章中文献综述可知，学者们主要利用 Census X12 季节调整与 H－P 滤波法对不同的时期的序列数据进行分解（余洁等，2014；陈晓暾等，2015；Feng，2017；于海龙等，2018），尽管已经存在一些相关研究，但由于研究样本期较早，未能体现近几年的价格波动情况，本研究通过扩展样本期并在学者们相关研究的基础上继续对中国原料奶价格序列分解情况进行介绍与分析。此外，Census X13 季节调整法作为功能最为强大、应用最为广泛的季节调整方法，是 Census X12 方法的最新扩展版本（高铁梅，2016）。因此，本书利用 Census X13 季节调整方法并结合 H－P 滤波法对 2007 年 1 月至 2019 年 5 月全国十大主产区原料奶平均月度价格进行研究。数据来源于历年《中国奶业年鉴》与农业农村部监测数据。相关数据处理与分析使用 Eviews 8.0 软件。

4.2.1　Census X13 季节调整方法

前述研究中已经对 Census X13 季节调整法进行了简单的概述，加法模型中季节性和趋势周期性要素的影响用绝对量来表示，分析起来比较直观（高铁梅，2016）。因此，本研究使用 X13 季节调整程序中的 X11 加法模型对中国原料奶市场价格序列进行分解。分解结果如图 4.1 所示。

从图 4.1 可知，中国原料奶价格季节波动性特征明显，具有一定的规律性。与前述自然条件因素的影响分析一致，中国原料奶价格季节性尖峰一般出现在 1 月或者 2 月，此时为原料奶消费旺盛与供给不足期，导致原料奶的季节性价格在一年内达到最高值。同时，中国原料奶价格季节性低谷一般出现在 8 月，由于消费的疲软与供给充足，原料奶的季节性价格在一年内降为最低值。此外，从价格季节性波动的幅度来看，呈现出先下降后回升的态势。具体而

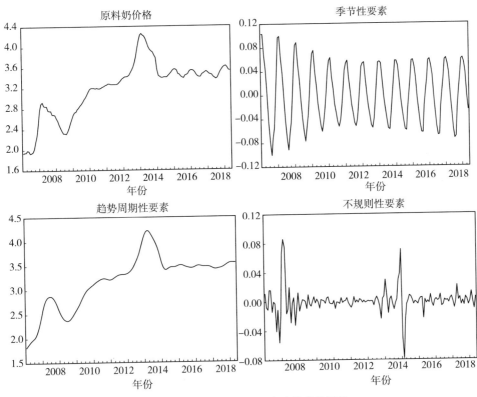

图 4.1　中国原料奶价格波动的季节调整

言，2007 年和 2008 年的季节波动性较为剧烈，随后稳步下降到 2012 年，然后波动幅度又逐步回升，意味着季节性因素的影响又开始回升。因此，由于原料奶生产的季节性特征，季节性波动对原料奶价格波动的影响会长期存在。

从不规则性要素来看，根据图 4.1 可知，中国原料奶价格的不规则性因素主要有两次剧烈的波动。第一次剧烈波动出现在 2007 年底与 2008 年，2007 年下半年中国首次出现乳制品出口量的大幅增加，国内出现"买牛抢奶"的现象，原料奶价格"疯狂上涨"（曹志军和李胜利，2008）；2008 年，中国突发了三聚氰胺奶粉事件，对原料奶产业造成了重创。因此，这一阶段主要受外部市场突发事件及国内安全事件不规则因素的影响，中国原料奶的不规则性价格呈现出剧烈的状态。第二次剧烈波动出现在 2014 年与 2015 年初，2014 年全球乳制品价格持续下降，全球奶业遭遇困境，中国开始大量进口乳制品，导致 2014 年底全国出现"倒奶杀牛"现象。可见，主要受外部市场突发事件的影响，中国这一时期原料奶价格不规则波动较为剧烈。

4.2.2 H-P滤波法

根据一般经验，由于本书的研究对象为月度数据，因此使用 H-P 滤波分解时参数 λ 取值 14 400。将趋势周期性要素分解为趋势性要素与周期性要素的结果如图 4.2 所示。

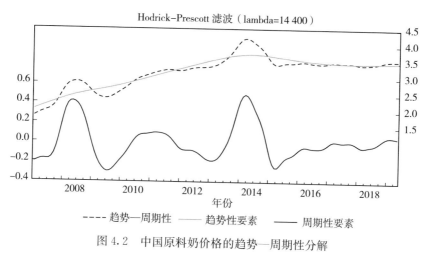

图 4.2 中国原料奶价格的趋势—周期性分解

从图 4.2 可知，从 2007 年以来，中国原料奶价格的趋势性要素整体上呈上升态势，并于 2014 年年中达到最高值，随后开始缓慢下降并基本保持在 3.5 元/kg 左右。可见从 2017 年开始，中国原料奶的趋势性价格基本保持不变，表现较为稳定。

针对周期性要素，依据"波谷—波峰—波谷"的划分方法，本研究对 2007 年 1 月到 2019 年 5 月中国原料奶价格的周期性要素进行分析，并划分为以下几个周期（表 4.1）。

表 4.1 中国原料奶价格波动周期划分

周期	跨度	月数	波峰值	波谷值	极差	方差
1	2007.01—2009.07	31	0.417 1	−0.299 4	0.716 5	0.063 1
2	2009.08—2013.02	43	0.098 3	−0.297 2	0.395 5	0.014 2
3	2013.03—2015.04	26	0.490 3	−0.252 1	0.742 4	0.064 9
4	2015.05—2018.03	35	0.015 8	−0.227 8	0.243 6	0.004 0
5	2018.04—2019.05	14	NA	NA	NA	NA

第一周期为 2007 年 1 月至 2009 年 7 月，持续 31 个月。这一周期内最显

著的阶段特征是 2008 年 9 月三聚氰胺事件的爆发，三聚氰胺事件在产业链内引发连锁反应，造成原料奶价格的下跌。价差与方差都表明这一时期的价格周期波动幅度较大，价格周期性特征十分明显。

第二周期为 2009 年 8 月到 2013 年 2 月，持续 43 个月。从 2009 年 8 月开始，在中国政府对奶业的大力整顿与扶持下，原料奶产业得到了重构，原料奶价格开始逐步恢复。从 2011 年中到 2013 年初，中国进口奶粉折合的原料奶与国内价格倒挂差距拉大，进口奶粉大量涌入中国，对国内原料奶产业造成冲击，原料奶的周期价格开始逐步走低。极差与方差表明这一时期的波动幅度相对于上一时期较为平缓，同时价格周期性特征比较明显。

第三周期为 2013 年 3 月到 2015 年 4 月，持续 26 个月。2013 年，中国奶业遭遇"奶荒"，原料奶价格持续上涨，到 2014 年 2 月达到历史最高值，在高价格的激励下，奶农纷纷进入市场或扩大生产。同时，从 2014 年初开始，国际奶粉价格断崖式下跌，乳企选择进口更多的低价奶粉来替代国内原料奶，2014 年国内奶粉进口数量高达 92.34 万 t。在国内外因素双重的作用下，2014 年底中国原料奶出现卖不上价甚至被拒的现象，随之而来的是全国各地爆发出的"倒奶杀牛"事件，原料奶的周期价格再一次的大幅下跌。这一阶段为 2007 年以来持续时间最短，波动幅度最大的一次周期，价格周期性特征十分明显。

第四周期为 2015 年 5 月到 2018 年 3 月，持续 35 个月。在中国"倒奶杀牛"事件发生后，农业部与各地方政府通过督促乳企履行收购合同、协调乳企增加收购、加强奶业生产监测、加大政策扶持和救助力度等，全力以赴帮助奶农渡过难关。在政策的支持下，从 2015 年 5 月开始，原料奶价格缓步回升。受国内消费需求疲软的影响，2016 年上半年原料奶价格略微回落，随后继续保持上涨趋势，并在市场作用下，价格上下波动。从整体来看，这三年内中国原料奶价格较为平稳，波动幅度不大，但这个周期性特征并不明显。

在 2018 年后，中国奶业迈入新的发展阶段，原料奶价格波动也进入新的周期阶段。从表 4.1 可知，虽然各个周期持续时间存在差异性，但中国原料奶价格波动的周期分布大概是三年，因此原料奶价格周期性波动具有一定的规律性与可预测性。

4.3　基于 GARCH 类模型的中国原料奶价格波动特征分析

前一小节中对中国原料奶的价格从分解法的角度探寻了价格波动的季节性、趋势性、周期性与不规则性，体现了波动的显性特征。现有研究利用 GARCH 类模型对中国原料奶价格波动特征进行探讨文献不多，康海琪等

（2016）运用 GARCH 类模型验证了中国原料奶价格波动的特征，但作者仅针对原料奶价格本身进行建模，并未考虑影响原料奶价格收益率的其他因素，无法剥离出自身波动特征。中国原料奶价格波动是否具有集簇性、高风险高收益性及非对称性？尤其是在剥离影响原料奶价格波动的影响因素后，其自身价格波动是否存在以上的隐性特征？本小节利用 GARCH 类模型，根据第 3 章对原料奶价格波动影响因素的分析，加入控制变量设定更为精确的条件均值方程，从而对中国原料奶价格波动特征进行更深层次的分析。

4.3.1　理论适用性与模型介绍

4.3.1.1　理论适用性

　　根据第二章的理论研究，Beck（1993）提出了对于可储存商品，当方差存在序列相关时的理性预期理论，此理论推导出方差方程的线性近似值，可用来检验市场是否存在 ARCH 过程。国内学者林光华和陈铁（2011）利用此理论研究了国际大米价格波动，并提出对于可储存商品，由于库存的作用，上一期价格的波动会传递给下一期，造成了方差的变动，即存在着 ARCH 效应。曹先磊和张颖（2017）也利用可储存商品市场理性预期理论，对中国生猪饲料市场价格波动特征进行了分析。因此，库存结转成为解释商品时间序列数据的扰动项存在着异方差的重要原因。

　　对中国原料奶市场而言，由于原料奶的易腐性决定了其存储困难且成本高昂，似乎难以实现存储。但原料奶可通过杀菌、浓缩、干燥等工艺流程制成奶粉的形式进行储存，一方面，奶粉经过勾兑能够还原成复原乳，中国液态奶以 UHT 奶为主的消费结构使得奶粉可作为原料奶的替代品或可视为具有储存功能的原料奶。另一方面，中国原料奶的收购权与定价权掌握在乳品企业手中，奶粉库存数量左右着乳制品企业对原料奶的收购决策，对原料奶价格具有直接的影响。同时，奶农依据市场预期调整存栏量也是影响原料奶供给的重要因素。因此，在预测范围内，本研究假设原料奶是"可储存的"，适用于 Beck（1963）的理性预期模型，价格波动可能存在着 ARCH 效应。

4.3.1.2　GARCH 类模型及表达式

　　第 2 章对 GARCH 模型进行了简单的介绍，GARCH 类模型包括了一系列的相关改进模型，接下来本节对 GARCH 类模型及其表达式进行详细介绍。

　　经济社会中时间序列模型的扰动项方差并不都是稳定的，为了刻画并描述这种存在的异方差现象，最早由 Engle（1982）提出了自回归条件异方差模型（Autoregressive Conditional Heteroskedasticity model，ARCH 模型），随后在此基础上衍生出了反映不同波动特征的系列模型。

(1) ARCH 与 GARCH 模型

(G) ARCH 模型用来研究变量的波动集簇性。ARCH 模型由条件均值方程与条件方差方程组成,具体表达式如下:

$$Y_t = X_t \phi + u_t \tag{4-1}$$

$$\sigma_t^2 = \alpha_0 + \alpha_1 u_{t-1}^2 + \cdots + \alpha_p u_{t-p}^2 \tag{4-2}$$

其中,式(4-1)条件均值方程中,Y_t 为因变量,X_t 为自变量,u_t 表示模型的扰动项。式(4-2)条件方差方程中,σ_t^2 为扰动项 u_t 的方差,其依赖于滞后 p 期的平方扰动项,故称为 ARCH(p)过程。

若扰动项方差函数具有长期自相关性,则会导致参数估计过多,影响模型拟合精度。Bollerslev(1986)提出的广义自回归条件异方差模型(General Autoregressive Conditional Heteroskedasticity model,GARCH 模型)将 σ_t^2 的自回归部分纳入条件方差方程则有效地解决了此问题。GARCH 模型的条件均值方程同式(4-1)不变,条件方差方程式(4-2)则改进为如下表达式:

$$\sigma_t^2 = \alpha_0 + \alpha_1 u_{t-1}^2 + \cdots + \alpha_p u_{t-p}^2 + \beta_1 \sigma_{t-1}^2 + \cdots + \beta_q \sigma_{t-q}^2 \tag{4-3}$$

其中,式(4-3)称为 GARCH(q, p)模型,q 表示 GARCH 项(σ_{t-i}^2)的阶数,p 表示 ARCH 项(u_{t-j}^2)的阶数。由此可见,ARCH(p)模型可视为一个 GARCH(0, p)模型。GARCH 项与 ARCH 项系数之和反映了波动冲击的持久性,当系数之和小于 1,满足平稳性条件,表明波动冲击会逐渐消失。其中,当系数之和非常接近于 1 时,说明条件方差所受的冲击是持久的。

(2) GARCH-M 模型

GARCH-M 模型用来研究变量的高风险高收益性。Engle et al.(1987)提出了 ARCH 均值(ARCH in Mean,ARCH-M)模型,模型中的条件方差方程不变,而将风险波动纳入条件均值方程,式(4-1)改进为:

$$Y_t = X_t \phi + \theta \sigma_t^2 + u_t \tag{4-4}$$

其中,条件方差 σ_t^2 能用条件标准差 σ_t 与条件方差对数形式 $\ln(\sigma_t^2)$ 进行替换,选择标准可用各类准则进行判断。式(4-3)与式(4-4)结合即为 GARCH-M 模型,待估参数 θ 反映了风险波动对因变量的影响程度。

(3) TGARCH 模型

TGARCH 模型用来研究波动的非对称效应。Glosten et al.(1993)与 Zakoian(1994)提出了门限 GARCH(Threshold GARCH,TGARCH)模型,TGARCH 模型将 GARCH 模型中的条件方差方程式(4-3)改进为:

$$\sigma_t^2 = \alpha_0 + \sum_{j=1}^{p} \alpha_j u_{t-j}^2 + \sum_{i=1}^{q} \alpha_i \sigma_{t-i}^2 + \sum_{k=1}^{r} \lambda_k u_{t-k}^2 d_{t-k} \tag{4-5}$$

在式(4-5)中,d_{t-k} 为虚拟变量:当 $u_{t-k} < 0$ 时,$d_{t-k}=1$;否则 $d_{t-k}=0$。

若 λ 显著不为 0，则证明存在非对称效应，否则不存在非对称效应。

4.3.2 变量设置与数据说明

4.3.2.1 变量设置

在现实数据尤其是金融领域的研究中，一项资产价格的波动可视为价格面临的风险，往往从价格收益率中探寻波动的特征。根据第 2 章的介绍可知，对数价格变动法作为衡量价格收益率的一种方法，能够保证价格变动的连续性，具有良好的统计学特征。因此，选择原料奶价格收益率（RP）作为研究对象。

原料奶的价格收益率可能受几个相关变量的影响，为此，本研究在模型实证回归时需要加入这些控制变量，通过抽离出控制变量的影响，以更好地反映出原料奶价格的波动特征。具体而言，影响原料奶价格收益率与波动的可能控制变量[①]有：

（1）玉米价格收益率（CP）

玉米作为奶牛养殖环节重要的原料投入品之一，其价格的高低对原料奶价格具有直接的传导作用。据《全国农产品成本收益资料汇编 2018》中的数据测算，2017 年中国奶牛养殖过程中每头奶牛饲料成本约占了物质与服务费用的 77.93%，其中精饲料成本占据了约 54.36%，而精饲料中主要以玉米和豆粕为主，奶农普遍对玉米和豆粕价格波动较为敏感（董晓霞等，2013）。可见，预期玉米价格收益率会对原料奶的价格收益率及波动有显著的影响。

（2）豆粕价格收益率（SP）

从上述分析可知，豆粕作为制备精饲料的基本原料，虽然其在精饲料中占比相对玉米偏小，但豆粕却是奶牛养殖中最重要的蛋白质来源，其价格水平已经成为原料奶定价的基础之一，豆粕价格收益率对原料奶价格收益率及市场波动可能会造成一定的影响。由此，将豆粕价格收益率作为解释变量纳入模型十分必要。

（3）进口奶粉价格收益率（IP）

进口奶粉对中国原料奶价格的影响已得到众多学者与业界的证实（李胜利等，2010；刘玉满和李静，2011；胡冰川和董晓霞，2016）。事实上，进口奶粉作为加工原料粉，对中国原料奶生产具有很强的替代性，进口奶粉的快速增长已经对中国原料奶产业造成了一定的破坏与冲击。因此，进口奶粉价格收益率可能会对原料奶价格收益率及波动产生较大的影响。

[①] 笔者试图把三聚氰胺事件作为虚拟变量及原料奶下游产业牛奶的价格收益率加入模型中进行回归，但条件均值模型均不显著并使得整体模型估计结果不理想，故将其舍弃。

（4）牛肉价格收益率（BP）

奶牛可视为牛肉重要的来源之一，如牛肉价格的疯涨与原料奶价格的持续低迷，将很大程度上迫使奶农面临"杀牛卖肉"境地，一些仍具有产奶能力的非正常淘汰奶牛将提前出栏，特别是一些奶牛养殖散户可能选择以奶牛当作肉牛卖掉的形式退出市场，牛肉价格和原料奶价格波动存在一定关联性，淘汰奶牛肉用是两者波动存在关联性的重要原因（石自忠和王明利，2018）。

4.3.2.2　数据说明

本研究中的所有原始价格变量为 2007 年 1 月到 2019 年 3 月的月度数据，样本数为 147。原料奶价格是指包括河北、山西等十个主产省的平均收购价格，数据来源于历年《中国奶业年鉴》《中国奶业统计摘要》及农业农村部畜牧兽医局的"全国畜牧业监测预警信息"。玉米、豆粕价格来源于中国畜牧业信息网与农业农村部畜牧兽医局的"全国畜牧业监测预警信息"。牛肉价格采用去骨牛肉集市价格，来源于历年《中国畜牧兽医年鉴》（原《中国畜牧业年鉴》）、中国畜牧业信息网与农业农村部畜牧兽医局的"全国畜牧业监测预警信息"。进口奶粉按照 HS 分类包括了 HS040221（未加糖的固态乳及奶油，含脂量＞1.5%）、HS040210（固态乳及奶油，含脂量≤1.5%）与 HS040229（其他固态乳及奶油，含脂量＞1.5%）三大类别，由于进口价格数据缺失，本章采用进口金额除以进口数量的单位值代表进口价格，并选取三大类别的加权平均价格代表奶粉进口价格，进口金额与进口数量数据来自"国研网国际贸易研究及决策支持系统"中对海关数据的统计，同时根据月度平均汇率换算为人民币，月度汇率数据来源于国际货币基金组织（IMF）。变量的描述性统计特征见表 4.2。

表 4.2　变量描述性统计

指标	代码	均值	标准差	最小值	最大值
原料奶价格收益率	RP	0.004 3	0.020 0	−0.062 6	0.102 6
玉米价格收益率	CP	0.002 0	0.019 4	−0.060 9	0.050 3
豆粕价格收益率	SP	0.001 2	0.030 9	−0.072 0	0.107 1
进口奶粉价格收益率	IP	0.000 4	0.062 2	−0.163 1	0.234 9
牛肉价格收益率	BP	0.008 6	0.017 0	−0.019 3	0.088 3

4.3.3　模型构建与诊断性检验

4.3.3.1　模型建立前检验

（1）变量平稳性检验

条件均值方程如果为自回归模型，必然不能保证自变量是严格外生变量，因此需要满足变量是平稳的前提条件。本研究采用 ADF 检验方法对各个价格收益率变量进行单位根检验。检验结果表明（表 4.3）：价格收益率变量均在 1% 显著性水平上拒绝原假设，都满足平稳性前提。

表 4.3　变量单位根检验

变量	检验形式 (C，T，P)	统计值	P 值
RP	(0，0，0)	$-4.175\ 4$	0.000 0
CP	(0，0，1)	$-6.586\ 3$	0.000 0
SP	(0，0，1)	$-7.019\ 7$	0.000 0
IP	(0，0，1)	$-5.621\ 8$	0.000 0
BP	(0，0，12)	$-4.517\ 8$	0.000 0

注：检验形式（C，T，P）中，C 表示常数项，T 表示时间趋势，P 表示滞后阶数。

（2）自回归分布滞后模型建立

为了消除序列的线性依赖，首先对因变量原料奶价格收益率 RP 做自相关与偏自相关检验，选取滞后期为 36 期得到的自相关（AC）、偏自相关（PAC）系数与 Q 统计量及其相应 p 值均在 1% 的显著性水平下拒绝原假设（表 4.4），且偏自相关系数在滞后 1 阶及 4 阶存在明显的截尾现象，结果表明，中国原料奶价格收益率存在明显的自相关性。因此，对原料奶价格收益率建立自变量为滞后期 1 阶与 4 阶的自回归模型，结果显示原料奶价格收益率不再存在自相关性。

表 4.4　价格收益率序列的 Q 统计量

	AC	PAC	Q - Stat	Prob.
1	0.773 4	0.773 4	89.138 9	0.000 0
2	0.563 1	$-0.087\ 2$	136.724 6	0.000 0
3	0.375 2	$-0.077\ 4$	157.997 2	0.000 0
4	0.130 0	$-0.279\ 2$	160.567 8	0.000 0
5	0.007 2	0.111 0	160.575 7	0.000 0
6	$-0.093\ 1$	$-0.084\ 7$	161.913 2	0.000 0
7	$-0.139\ 4$	0.058 5	164.936 0	0.000 0
8	$-0.103\ 4$	0.047 5	166.608 6	0.000 0
9	$-0.096\ 5$	$-0.057\ 5$	168.078 5	0.000 0
10	$-0.057\ 4$	0.023 6	168.602 6	0.000 0
11	$-0.058\ 9$	$-0.129\ 2$	169.158 5	0.000 0
12	$-0.136\ 4$	$-0.161\ 2$	172.159 1	0.000 0

注：此表仅报告滞后 12 期的情况。

此外，考虑玉米、豆粕、进口奶粉及牛肉价格收益率对原料奶价格收益率的影响，将其引入回归模型中，但由于价格收益率传导可能存在滞后性，经过若干试验，本研究建立以下自回归分布滞后模型：

$$RP_t = \phi_1 RP_{t-1} + \phi_2 RP_{t-4} + \phi_3 CP_{t-4} + \phi_4 SP_{t-2} + \phi_5 IP_{t-4} + \phi_6 BP_{t-4} + \mu_t$$

$$(4-6)$$

图 4.3 显示的是该模型回归的残差，可以观察到波动具有"成群"现象，因此，初步判断模型（4-6）的方差可能具有异方差性，下面对方程异方差性做进一步的确认与探讨。

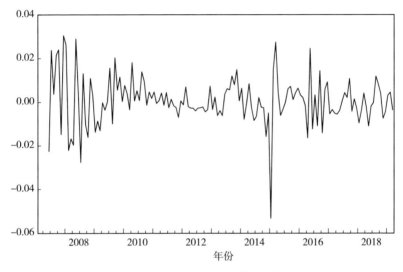

图 4.3　原料奶价格收益率回归残差

（3）ARCH 效应检验

对模型（4-6）进行普通最小二乘法回归，并估计出残差项，得到残差平方的自相关（AC）、偏自相关（PAC）系数与 Q 值，结果（表 4.5）表明，在滞后阶数 1 到 10 的检验结果中自相关与偏自相关系数不为 0，且 Q 统计值在 1% 水平上显著，因此认为模型（4-6）的残差序列存在 ARCH 效应。

表 4.5　模型残差平方检验结果

滞后阶数	AC	PAC	Q-Stat	Prob.
1	0.160 6	0.160 6	3.739 0	0.053 2
2	0.345 0	0.327 6	21.121 4	0.000 0
3	0.124 5	0.039 9	23.402 4	0.000 0
4	0.108 6	−0.024 4	25.149 8	0.000 0

（续）

滞后阶数	AC	PAC	Q-Stat	Prob.
5	0.100 3	0.043 8	26.650 3	0.000 1
6	0.080 6	0.039 8	27.627 4	0.000 1
7	0.104 5	0.053 1	29.282 9	0.000 1
8	0.037 4	−0.023 6	29.496 4	0.000 3
9	0.021 8	−0.043 1	29.569 8	0.000 5
10	0.031 1	0.017 4	29.719 6	0.001 0
11	0.002 5	−0.002 4	29.720 6	0.001 8
12	0.001 8	−0.020 9	29.721 1	0.003 1

注：滞后阶数自动选择为36，此表仅报告滞后12期的情况。

为进一步验证 ARCH 效应，对（4-6）式进行 ARCH-LM 检验，结果（表4.6）显示，滞后1期到8期的统计值都十分显著，可见 ARCH 项高阶显著并且回归模型具有明显的异方差性。

表 4.6　ARCH-LM 检验结果

滞后阶数	F 统计值	Prob.	Obs * R2 统计值	Prob.
1	3.730 8	0.055 5	3.685 6	0.054 9
2	10.394 5	0.000 1	18.445 3	0.000 1
3	7.263 9	0.000 1	19.318 8	0.000 2
4	5.142 1	0.000 7	18.483 1	0.001 0
5	4.248 4	0.001 3	19.115 1	0.001 8
6	3.530 6	0.002 9	19.183 1	0.003 9
7	2.641 5	0.013 9	17.157 1	0.016 4
8	2.151 7	0.035 7	16.219 5	0.039 3

4.3.3.2　GARCH 模型建立

（1）GARCH 类模型设定

在确定原料奶价格收益率存在 ARCH 效应后，需要建立 GARCH 模型对波动特征进行深入分析。首先，GARCH 模型的条件均值方程同式（4-6），现在主要对条件方差方程进行构建，上述分析可知，原料奶价格收益率具有高阶 ARCH 项，为减少样本容量的损失，需要引入 GARCH 项，采用 GARCH（1，1）模型，并同时考虑玉米、豆粕、进口奶粉及牛肉的价格收益率的影响，构建出如下的条件方差方程：

$$\sigma_t^2 = \alpha_0 + \alpha_1 u_{t-1}^2 + \beta_1 \sigma_{t-1}^2 + a_1 CP_{t-4} + a_2 SP_{t-2} + a_3 IP_{t-4} + a_4 BP_{t-4}$$

$$(4-7)$$

同理，GARCH - M（1，1）模型的条件均值方程在式（4-6）的基础上增加了 $\theta\sigma_t$ 项，条件方差方程同式（4-7）。TGARCH（1，1）模型的条件均值方程如式（4-6），而条件方差方程在式（4-7）基础上增加了 $\lambda_1 u_{t-1}^2 d_{t-1}$ 项。

（2）模型估计后检验

建立 GARCH 模型后，还需进一步确定该模型是否消除了残差项的异方差性。以 GARCH（1，1）为例，对模型估计后的残差进行 ARCH - LM 检验，结果（表 4.7）表明，各统计量 P 值均不显著，说明 GARCH 模型估计的方程不再存在 ARCH 效应，利用 GARCH 模型拟合数据较为合适。

表 4.7　模型估计后的 ARCH - LM 检验结果

滞后阶数	F 统计值	Prob.	Obs * R2 统计值	Prob.
1	1.57 E - 05	0.996 8	1.59 E - 05	0.996 8
2	1.035 3	0.357 9	2.084 4	0.352 7
3	0.732 8	0.534 2	2.227 3	0.526 6
4	0.606 4	0.658 7	2.471 9	0.649 7
5	0.680 7	0.638 9	3.469 1	0.628 1
6	0.598 6	0.731 0	3.684 2	0.719 0
7	0.507 3	0.827 7	3.672 2	0.816 7
8	0.448 3	0.889 7	3.737 0	0.880 0

4.3.4　估计结果与分析

（1）GARCH 类模型估计

使用 Eviews8.0 软件对模型进行估计，估计出的条件均值与条件方差方程结果如下（表 4.8）：

表 4.8　GARCH 类模型估计结果

变量	GARCH（1，1）		GARCH - M（1，1）		TGARCH（1，1）	
	估计值	z 值	估计值	z 值	估计值	z 值
条件均值方程						
RP_{t-1}	0.811 6*** (0.057 5)	14.125 6	0.803 2*** (0.055 7)	14.419 7	0.788 8*** (0.065 7)	11.997 6

（续）

变量	GARCH (1, 1)		GARCH - M (1, 1)		TGARCH (1, 1)	
	估计值	z 值	估计值	z 值	估计值	z 值
RP_{t-4}	−0.229 8*** (0.037 9)	−6.069 3	−0.246 4*** (0.039 9)	−6.171 3	−0.225 7*** (0.056 0)	−4.029 9
CP_{t-4}	0.103 9*** (0.011 2)	9.265 0	0.123 8*** (0.029 5)	4.197 2	0.071 7 (0.055 2)	1.298 1
SP_{t-2}	0.046 8*** (0.017 7)	2.649 0	0.040 1** (0.017 5)	2.297 4	0.059 3 (0.043 9)	1.349 4
IP_{t-4}	0.048 7*** (0.012 5)	3.902 0	0.047 3*** (0.011 2)	4.225 7	0.056 5*** (0.021 4)	2.644 7
BP_{t-4}	0.069 6*** (0.022 7)	3.071 0	0.073 9*** (0.023 9)	3.091 8	0.117 0** (0.048 2)	2.426 8
σ_t	—	—	0.101 6 (0.100 5)	1.010 2		
条件方差方程						
α_0	2.36 E - 05*** (6.21E - 06)	3.802 6	2.07 E - 05*** (6.63E - 06)	3.121 8	6.00 E - 05*** (2.31E - 05)	2.592 6
u_{t-1}^2	0.479 8** (0.196 9)	2.437 2	0.548 1** (0.240 7)	2.276 6	0.170 0 (0.205 119)	0.828 8
σ_{t-1}^2	0.361 9*** (0.131 3)	2.756 6	0.333 6** (0.153 5)	2.172 7	0.427 6* (0.241 5)	1.770 5
CP_{t-4}	0.000 7*** (0.000 1)	4.925 9	0.000 6*** (0.000 2)	3.143 7	0.001 1*** (0.000 3)	3.367 6
SP_{t-2}	−0.000 4*** (0.000 1)	−3.469 1	−0.000 3* (0.000 2)	−1.806 1	0.000 5 (0.000 5)	1.062 3
IP_{t-4}	−2.90E - 05 (0.000 1)	−0.272 3	1.44 E - 05 (8.40E - 05)	0.171 9	−0.000 2 (0.000 3)	−0.639 9
BP_{t-4}	−0.000 4*** (0.000 1)	−3.085 7	−0.000 4** (0.000 2)	−2.285 0	−0.001 1 (0.000 7)	−1.489 2
$u_{t-1}^2 d_{t-1}$	—	—			0.106 8 (0.308 2)	0.346 7
AIC 准则	−6.516 7		−6.524 7		−6.272 0	
SC 准则	−6.246 1		−6.233 3		−5.980 6	
HQ 准则	−6.406 7		−6.406 3		−6.153 6	

注：***、**和 * 分别表示在 1%、5% 和 10% 的显著性水平上拒绝有单位根的原假设，括号内为标准差。

（2）估计结果分析

①GARCH模型估计结果分析。表4.8第二列给出了GARCH（1，1）模型估计结果，具体来看，条件均值方程回归结果显示各个变量均在1%水平上显著，这表明各变量对中国原料奶价格收益率有显著的影响，可认为条件均值方程选取合适并且模型拟合较好。原料奶滞后一期价格收益率对本期价格收益率有显著的正向影响，滞后四期自身变量会对本期价格收益率产生负的作用，滞后一期的序列相对于滞后四期对本期原料奶价格收益率能产生更大的影响。

就饲料成本对因变量的影响而言，滞后四期玉米和滞后二期豆粕价格收益率对原料奶价格收益率的影响在1%的水平上显著且系数分别为0.10与0.05。这一现象容易理解，作为原料奶上游重要的成本投入品，其价格收益率的增长会引起原料奶价格收益率的相同方向变动，且玉米对原料奶的影响力大于豆粕对原料奶的影响力。滞后四期的进口奶粉与牛肉价格收益率的系数也显著为正，表明作为与原料奶相关性较高的产品，其价格收益率增加，市场经济向好，会按照一定的速度传递到原料奶市场，使得原料奶价格收益率提高。

条件方差方程结果显示，ARCH项与GARCH项分别在5%与1%的水平上显著，表明在控制相关变量后中国原料奶价格收益率仍具有明显的波动集簇性，且系数之和等于0.841 7，过去价格冲击对未来价格波动的影响会逐渐消失。

滞后四期玉米价格收益率变量在1%水平上显著为正，表明玉米价格收益率的上升会加剧原料奶价格的波动，而豆粕由于进口豆粕、棉籽粕等的替代作用，导致中国国内的豆粕价格收益率对原料奶价格波动呈现负向影响，虽然滞后二期豆粕价格收益率一定程度上能平抑原料奶价格波动，但其影响力要小于玉米，加之玉米在奶牛养殖过程中在成本中的占比要大于豆粕，使得玉米对原料奶市场的影响更为突出。由此可见，中国原料奶价格波动具有成本（玉米）推进型特征。进口奶粉回归系数不显著，说明滞后四期进口奶粉价格收益率在统计意义上对原料奶价格波动无显著影响，可能原因是进口奶粉价格的增加，会通过信息传导与市场预期致使进口奶粉主要的需求方乳制品加工企业减少对进口奶粉的使用，从而更多使用原料奶，能够促进国内原料奶价格的提升，但波动体现了价格的变动，而滞后四期的进口奶粉尚未或刚刚进入消费市场，市场调节功能使得其尚未能对原料奶价格波动产生显著影响。滞后四期牛肉价格收益率的提高能有效减少原料奶价格收益率的波动，当牛肉价格收益率增加时，意味着牛肉价格上涨，一定程度上增加了养殖户淘汰奶牛的积极性。如2013年以来牛肉价格快速升高，全国牛肉平均价格在9月达到了59.64元/kg，同比上涨28.9%。在此背景下，奶牛提前淘汰、催肥出栏的现象增加，导致

2013 年 6—8 月国内奶牛存栏量减少 10％～15％[①]。由此可见，牛肉价格收益率增加，奶农会倾向于做出提前出栏的决策，从而减少了原料奶的供给，一定程度上增加了奶农的市场谈判权，减少了原料奶市场的波动与风险。

②GARCH - M 模型估计结果分析。表 4.8 第三列给出了 GARCH - M（1，1）模型估计结果，大部分条件均值方程估计系数与 GARCH 模型均值方程系数估计值相似且具有显著性，但 σ_t 估计系数为正但并不显著，反映出中国原料奶市场不具有高风险高收益的特征。与金融市场的高风险高回报属性不同，中国原料奶市场发展尚不成熟，且奶牛养殖周期长及原料奶的易腐性决定了奶农较弱的抗风险性，即便原料奶价格波动较大也无法保障奶农的高收益，中国原料奶价格形成机制有待进一步完善。事实上，世界上大部分奶业发达国家都针对原料奶价格构建了严格的保护网，原料奶最低收购价等政策的实施为稳定原料奶市场及奶农预期收入提供了有形的保护。

③TGARCH 模型估计结果分析。表 4.8 第四列给出了 TGARCH（1，1）模型估计结果，从条件方差方程来看，$u_{t-1}^2 d_{t-1}$ 系数估计值不显著，这说明中国原料奶市场不存在明显的非对称性，市场中价格下跌信息与价格上涨信息引起的波动没有显著的差异。可见，当控制影响原料奶价格收益率波动的变量后，表明相关市场信息完全公开且能快速传递给原料奶市场，信息被市场相关利益主体完全解读，中国原料奶市场价格波动就不会呈现出非对称性特征。

此外，通过 AIC、SC 与 HQ 准则可知，GARCH（1，1）模型中的三大准则数值最小的数量最多，因此采用 GARCH（1，1）模型对中国原料奶价格波动进行建模最优。

4.4　本章小结

为考察中国原料奶价格波动的规律与特征，本章采用分解法与 GARCH 类模型对中国原料奶价格波动进行了实证研究，具体总结如下。

第一，采用 Census X13 季节调整、H - P 滤波法将中国原料奶价格波动分解为季节性要素、周期性要素、趋势性要素、不规则性要素，直观展示出原料奶价格波动的显性规律。研究发现：①中国原料奶价格季节波动性特征明显，具有一定的规律性。②中国原料奶价格的不规则性因素主要有两次剧烈的波动，第一次剧烈波动出现在 2007 年底与 2008 年，第二次剧烈波动出现在

---

① 资料来源：牛奶价"涨"声响起 专家建议制定收购指导价（http：//shipin. people. com. cn/n/2013/0924/c215731 - 23014453. html）。

2014 年与 2015 年初。③从 2007 年以来，中国原料奶价格的趋势性要素整体上呈上升态势，并于 2014 年年中达到最高值，随后开始缓慢下降并逐渐趋向稳定。④样本期间中国原料奶价格的周期性要素可分为五个周期，其中完整的周期有四个，第一周期为 2007 年 1 月至 2009 年 7 月，持续 31 个月；第二周期为 2009 年 8 月到 2013 年 2 月，持续 43 个月；第三周期为 2013 年 3 月到 2015 年 4 月，持续 26 个月；第四周期为 2015 年 5 月到 2018 年 3 月，持续 35 个月。

　　第二，在探讨影响原料奶价格收益率各因素的基础上，使用 GARCH 类模型对中国原料奶价格波动的隐性特征进行了实证分析。研究发现：①中国原料奶价格波动具有显著的集簇性，大幅度的波动会在一段时间集中爆发，而另一段时间内波动相对比较平稳。②滞后四期玉米价格收益率对原料奶价格波动具有显著的正向影响，滞后二期豆粕价格收益率对原料奶价格波动具有负向的影响，但其影响效果不如玉米影响大，表明中国原料奶价格波动具有成本推进型特征。滞后四期进口奶粉价格收益率在统计意义上对原料奶价格波动无显著影响，而滞后四期牛肉价格收益率的提高则能显著地降低中国原料奶价格波动。③原料奶价格波动不具有高风险高收益特征，说明中国原料奶市场发展尚不成熟，价格形成机制有待进一步完善。④在控制影响原料奶价格收益率波动相关变量后，中国原料奶价格波动没有显著的非对称性。

第5章 产业链利益分配格局下的中国原料奶价格波动传导

5.1 引言

中国奶业产业链中利益分配的失衡已经成为产业发展的突出问题，引起政府与行业内的广泛关注，并引发担忧。失衡的利益分配格局主要是中国以乳企为核心的发展模式造成的，乳企的市场势力在产业的迅速扩张中逐步加强。乳企的市场势力决定了双方地位的不平等性，在双方合作博弈的过程中，乳企往往比较强势，而奶农处于弱势地位（何亮和李小军，2009；樊斌等，2012）。此外，资产的专用性即原料奶理化性质不稳定的自然属性与仅用于加工乳制品的市场属性也是影响奶农与乳企利益分配的重要因素（王威和杨敏杰，2009）。原料奶的专用性决定了其很容易受制于乳企，特别是对分散且数目众多的奶农而言，当市场出现供过于求的情景，乳企直接或变相违约，使得奶农的利益受到损害。而相对于数量众多、规模较小的奶农而言，最早壮大的一些中国乳企不断通过兼并、重组实现扩张式发展，最终形成了几家实力雄厚的大型乳业集团，并在中国乳制品加工行业占据绝对的主导地位。同时，一些区域乳企在当地政府的支持下，立足本地市场，同样通过兼并重组或联盟，产业集中度大幅提升，最终成长为区域龙头企业。但无论是全国性乳业巨头还是区域性乳业龙头，均在竞争中确立了强势的市场地位，在价格谈判中相对于奶农掌握了更多的话语权，作为对立的市场主体，奶农很难为自己争取更多的利益。可以说，中国的奶农和乳企尚未形成风险共担、收益共享的利益联结机制，产业链上游奶农和下游乳企的利益分配是失衡的，已经成为中国奶业最突出的问题[①]。

---

① 观点来源：李胜利：奶业最突出的问题是全产业链利益分配不合理（http://www.ntv.cn/p/859292.html）。

在产业链价格波动的传导中，乳企是否通过自身的市场势力来转嫁市场风险，价格波动的垂直传导是否具有非对称性成为本章重点研究的问题。在中国原料奶价格波动愈发频繁的今天，从产业链的角度考察价格波动传导的作用方向及机制，不仅拓宽了对原料奶价格波动解释的理论研究，也有利于推动在微观市场中政府加强对奶农的保护，从实践中理解乳企主体对原料奶价格波动的影响，对未来推动不同市场主体在稳定原料奶价格方面发挥积极作用具有重要的价值。

5.2　概念界定与机理分析

5.2.1　价格波动传导的界定

价格传导与价格波动传导是一对易被混淆的概念，国内早期一些研究并没有对其进行明确的区分，存在着研究目标为价格波动传导但却对价格传导进行研究的现象。因此，明确价格传导与价格波动传导的概念并进行区分是本章首要的任务。

由于都是涉及研究链条内的价格联系，故价格传导与价格波动传导是相似的（Assefa and Meuwissen，2015）。价格传导是指价格水平之间的影响，涉及价格条件均值的联系。众多学者对农产品产业链价格传导的研究侧重在农场到零售（farm‐retail）的价格传导，主要探讨传导中的非对称性（Goodwin and Holt，1999；Griffith and Piggott，1994；杨朝英与徐学英，2011）。而价格波动传导则是指价格方差之间的影响与联系，主要研究一个市场的价格不确定性或风险性对其他市场价格不确定性或风险性的影响程度（Apergis and Rezitis，2003）。因此，可以认为价格（水平）传导一般考察价格中可以预测部分之间的关系，而价格波动传导则是考察价格中不可预测部分之间的关系（Assefa and Meuwissen，2015）。在某些情景下，价格传递可以是完美的（即价格能够完全并瞬间沿着链条传递），但价格波动传递却不是完美的（Assefa and Meuwissen，2015）。所以将价格传导与价格波动传导进行区分和界定是十分必要与重要的。针对中国原料奶与乳制品，众多学者的研究证实两者存在着一定的价格传导关系（董晓霞等，2010；马彦丽和孙永珍，2017；刘亚钊等，2018），但鲜有文献从价格波动的角度探讨两者垂直传导的关系，本章的研究将从波动即方差的视角对中国原料奶与乳制品的传导进行分析。

5.2.2　中国原料奶与乳制品价格波动传导的机理分析

奶农作为奶牛养殖业的主体，是奶产业链的上游主体；消费者作为乳制品的需求者，是奶产业链的下游主体；在从上游到下游的过程中，乳企和零售商作为中间商基本上能够决定上游原料奶的价格与下游乳制品的价格①。乳企的销售价格本应该为乳制品的批发价格，零售商面向市场制定的价格才是零售价格，但由于中国乳制品市场为寡占市场，且中国以联营销售模式为主，乳企对市场零售价格具有较大的控制权，所以乳企和零售商作为利益共同体，使用乳制品零售价格代表乳企的销售价格具有合理性（马彦丽和孙永珍，2017），一定程度上能够反映出乳企的出厂价格。中国奶业产业链中乳企具有强势的市场地位，决定了其在价格谈判与制定上的主导权，在价格波动传导中可能会呈现以下的机理与作用效果。

一方面，乳企是原料奶的需求方，奶农直接将原料奶卖给乳企，由于生产成本变动、突发事件等造成的原料奶价格波动势必传导给乳企。在中国，乳企的强势地位可以通过稳定的高定价策略来吸收原料奶价格的波动，从而避免或减少由于下游市场乳制品价格波动过于频繁而导致的消费者流失的现象。中国乳制品的零售价格是原料奶的 4～6 倍，比欧盟、美国超市里的液态奶价格高出 50%～100%（中荷奶业发展中心，2017）。此外，商务部发布的中国乳制品零售价格也表明，近年来中国牛奶等乳制品价格呈现出稳定的增长趋势②。因此，为了稳定下游消费者市场，避免消费者感受到乳制品价格的"大起大落"，中国乳企与零售商可能通过对乳制品的高定价策略吸收上游原料奶价格的波动，从而使原料奶的价格波动并未转嫁给消费市场。基于上述的分析，提出第一个研究假说：上游原料奶价格波动不是下游乳制品零售价格波动的原因。

另一方面，消费市场环境变化等的冲击易造成乳制品零售价格波动，当乳制品市场出现价格波动时，乳企会依据消费市场的价格信息去调整对上游原料奶的收购行为或者价格，继而导致原料奶的价格波动。例如当下游消费萎靡，乳企可能会选择拒收原料奶或者压低价格，而当消费转向旺盛时，乳企会开始抢夺奶源或提高收购价格。此外，由于中国奶农的弱势地位，只能被动接受由乳企主导的收购价格。因此，下游乳制品市场的风险或不确定性可能会通过乳企的行为传递给上游原料奶市场，导致原料奶价格的波动。因此，提出第二个研究假说：下游乳制品零售价格波动是上游原料奶价格波动的原因。

---

① 尽管个别省市已经实行原料奶价格协商机制，但大部分省份实行由乳企来主导的定价体系，同时现实中全国各地存在"卖奶难"的现象，可以认为在原料奶定价系统中乳企处于主导地位。

② 数据来源：商务预报（https：//cif.mofcom.gov.cn/cif/html/dataCenter/index.html? jgnf-cprd）。

5.3　模型设定与数据说明

5.3.1　模型设定

向量自回归（Vector Autoregression，VAR）模型作为非结构的多方程模型将多变量时间序列作为一个系统来进行建模，可以用来描述及表征价格波动之间的动态关系（Khan and Helmers，1997）。因此，本研究采用 VAR 模型对中国原料奶价格波动传导进行分析与刻画。此外，利用门限 VAR（TVAR）模型进行非线性检验，判断不同市场环境下波动的传导是否存在差异性。本节接下来对 VAR 模型与 TVAR 模型进行详细介绍与说明。

Sims（1980）提倡的 VAR 模型将系统内的每一个内生变量作为系统中所有内生变量的滞后值的函数来构造模型（高铁梅，2016）。含有 k 个变量滞后 p 期的 VAR（p）模型的数学表达式如下：

$$Y_t = C + \Pi_1 Y_{t-1} + \Pi_2 Y_{t-2} + \cdots + \Pi_p Y_{t-p} + \mu_t \qquad (5-1)$$

其中，Y_t 为 k 维内生列向量；C 为 k 维常数项列向量；Π_1，$\cdots$，Π_p 均为 $k \times k$ 维待估系数矩阵；μ_t 为 k 维扰动列向量。以滞后期 p 为 2 的双变量 VAR 模型为例，式（5-1）可以展开表示为：

$$\begin{pmatrix} y_{1,t} \\ y_{2,t} \end{pmatrix} = \begin{pmatrix} c_1 \\ c_2 \end{pmatrix} + \begin{pmatrix} \pi_{11.1} & \pi_{12.1} \\ \pi_{21.1} & \pi_{22.1} \end{pmatrix} \begin{pmatrix} y_{1,t-1} \\ y_{2,t-1} \end{pmatrix} + \begin{pmatrix} \pi_{11.2} & \pi_{12.2} \\ \pi_{21.2} & \pi_{22.2} \end{pmatrix} \begin{pmatrix} y_{1,t-2} \\ y_{2,t-2} \end{pmatrix} + \begin{pmatrix} \mu_{1t} \\ \mu_{2t} \end{pmatrix}$$
$$(5-2)$$

方程形式为：

$$\begin{cases} y_{1,t} = c_1 + \pi_{11.1}\, y_{1,t-1} + \pi_{11.2}\, y_{1,t-2} + \pi_{12.1}\, y_{2,t-1} + \pi_{12.2}\, y_{2,t-2} + \mu_{1t} \\ y_{2,t} = c_2 + \pi_{21.1}\, y_{1,t-1} + \pi_{21.2}\, y_{1,t-2} + \pi_{22.1}\, y_{2,t-1} + \pi_{22.2}\, y_{2,t-2} + \mu_{2t} \end{cases}$$
$$(5-3)$$

其中，$\{\mu_{1t}\}$ 与 $\{\mu_{2t}\}$ 均为白噪声（故不存在自相关），但允许两个方程的扰动项之间存在"同期相关性"（陈强，2015）：

$$\mathrm{Cov}(\mu_{1t}, \mu_{2s}) = \begin{cases} \sigma_{12} & \text{若 } t = s \\ 0 & \text{其他} \end{cases} \qquad (5-4)$$

由于 VAR 模型中解释变量仅有内生变量的滞后期，依赖于滞后的扰动项，而与当期扰动项 μ_t 不相关，故可用最小二乘法对每个方程分别进行一致估计。即使扰动向量也有同期相关，OLS 仍然是有效的，因为所有的方程有相同的回归量，其与广义最小二乘法（GLS）是等价的（高铁梅，2016）。

在方程（5-3）中：

（1）如果 $\pi_{12.1} = \pi_{12.2} = 0$，$\pi_{21.1} = \pi_{21.2} = 0$，则方程转化为：

$$\begin{cases} y_{1,t} = c_1 + \pi_{11.1}\,y_{1,t-1} + \pi_{11.2}\,y_{1,t-2} + \mu_{1t} \\ y_{2,t} = c_2 + \pi_{22.1}\,y_{2,t-1} + \pi_{22.2}\,y_{2,t-2} + \mu_{2t} \end{cases} \qquad (5-5)$$

式（5-5）变为了两个序列各自的二阶自回归（AR）模型，此时$y_{1,t}$与$y_{2,t}$是分离的（Tsay，2010）。

（2）如果$\pi_{12.1}$与$\pi_{12.2}$至少有一个不等于0，$\pi_{21.1}$与$\pi_{21.2}$至少有一个不等于0，则此$y_{1,t}$与$y_{2,t}$之间存在着相互反馈的关系。

（3）如果$\pi_{12.1}$与$\pi_{12.2}$至少有一个不等于0，而$\pi_{21.1}=\pi_{21.2}=0$，则方程转化为：

$$\begin{cases} y_{1,t} = c_1 + \pi_{11.1}\,y_{1,t-1} + \pi_{11.2}\,y_{1,t-2} + \pi_{12.1}\,y_{2,t-1} + \pi_{12.2}\,y_{2,t-2} + \mu_{1t} \\ y_{2,t} = c_2 + \pi_{22.1}\,y_{2,t-1} + \pi_{22.2}\,y_{2,t-2} + \mu_{2t} \end{cases}$$

$$(5-6)$$

则$y_{1,t}$受到$y_{2,t}$的过去值的影响，而$y_{2,t}$不受到$y_{1,t}$的过去值的影响，此时从$y_{2,t}$到$y_{1,t}$有一个单向的关系。同理可以得到从$y_{1,t}$到$y_{2,t}$的单向关系。

Granger（1969）提出的因果关系适用于VAR模型的检验。对于$y_{1,t}$的预测，如果加入$y_{2,t}$的滞后变量比仅用$y_{1,t}$自身滞后变量进行预测更加准确，由于$y_{2,t}$信息的加入使得$y_{1,t}$的预测精度提高，则称$y_{2,t}$是$y_{1,t}$的格兰杰原因。考虑方程（5-3）中：

（1）如果$\pi_{12.1}=\pi_{12.2}=0$，$\pi_{21.1}=\pi_{21.2}=0$，则序列$y_{1,t}$与$y_{2,t}$彼此不依赖，不互为格兰杰原因。

（2）如果$\pi_{12.1}$与$\pi_{12.2}$至少有一个不等于0，$\pi_{21.1}$与$\pi_{21.2}$至少有一个不等于0，则$y_{1,t}$与$y_{2,t}$之间彼此依赖，序列互为格兰杰原因。

（3）如果$\pi_{12.1}$与$\pi_{12.2}$至少有一个不等于0，而$\pi_{21.1}=\pi_{21.2}=0$，则$y_{1,t}$依赖$y_{2,t}$，$y_{2,t}$是$y_{1,t}$的格兰杰原因；$y_{2,t}$不依赖$y_{1,t}$，$y_{1,t}$不是$y_{2,t}$的格兰杰原因。同理可以得到$y_{1,t}$是$y_{2,t}$的格兰杰原因，而$y_{2,t}$不是$y_{1,t}$的格兰杰原因的情形。

在一个二元p阶的VAR模型中，可以直接利用F-检验来检验下述联合检验（高铁梅，2016）：$H_0:\pi_{12.1}=\pi_{12.2}\cdots=\pi_{12.p}=0$

H_1：至少存在一个p使得$\pi_{12.p}\neq0$

其统计量为

$$S_1 = \frac{(RSS_0 - RSS_1/p)}{RSS_1/(T-2p-1)} \sim F(p, T-2p-1) \qquad (5-7)$$

其中，RSS_1为$y_{1,t}$方程中的残差平方和。如果S_1大于F的临界值，则拒绝原假设，即$y_{2,t}$不是$y_{1,t}$的格兰杰原因；否则不能拒绝原假设，即$y_{2,t}$能格兰杰引起$y_{1,t}$。

门限VAR（TVAR）模型认为VAR与特定变量大小值相关。假设存在两个门限，则分为三个区间。一个三区制的 TVAR 模型表示如下（傅强和孙菲，2015）：

$$Y_t = \begin{cases} C_1 + A_1(L)\,Y_t + \mu_{1t} & \text{if } q_t \leqslant r_1 \\ C_2 + A_2(L)\,Y_t + \mu_{2t} & \text{if } r_1 < q_t \leqslant r_2 \\ C_3 + A_3(L)\,Y_t + \mu_{3t} & \text{if } q_t > r_2 \end{cases} \qquad (5-8)$$

其中，q_t 为门限变量，r_1 与 r_2 为两个门限。A_i（L）为滞后算子 p 阶多项式。若 r_1 与 r_2 相等，则变为二区制的 TVAR 模型。与 VAR 模型估计一样，TVAR 模型仍然使用最小二乘法进行估计。

5.3.2　数据说明

本书通过研究奶业从农场到零售的产业链价格波动传导，来确定上下游的传导方向与特征。上游为生产领域，产品显然为原料奶。下游为消费领域，产品主要有液态奶（液奶、酸奶）、干乳制品（奶粉、奶酪、黄油等）。在中国的乳制品消费市场中，液态奶一直占据主导地位。2005 年中国液态奶、干乳制品销售额占比分别为 98.2% 和 1.8%，2019 年分别为 97.4% 和 2.6%。液态奶中的液奶消费占比最大，2005 年占液态奶比重高达 85.3%，尽管从 2014 年之后有明显的下降，但 2019 年的比重仍然达到了 63.5%①。由于液奶在中国乳制品消费市场中占据最为重要的位置，可以使用液奶代表中国乳制品下游产品。

原料奶（收购）价格数据采用农业部对河北省、山西省、内蒙古自治区等十个原料奶主产省集贸市场的定点监测价格，液奶采用商务部对全国市场采集的牛奶零售价格，接下来的研究使用"牛奶"来指代"液态奶"。为更加精确刻画出产业链价格传导的特性，本章采用周度数据进行分析。原料奶价格来源于"布瑞克农业数据"，缺失的周度数据使用"全国畜牧业监测预警信息"中的周度价格数据计算而来；牛奶周度零售价格来源于商务部的"商务预报"。由于可获得商务部对牛奶零售价格的统计最早为 2009 年 5 月 1 日，因此本书使用 2009 年 5 月第一周到 2019 年 5 月第一周的数据。为了简便分析，假设每一年为 52 个周，共计提取出 521 个价格数据进行分析。同时，原料奶与牛奶数据对应的日期并不完全一致，本研究对两组数据根据日期进行配对，并使原料奶价格一般早于牛奶价格若干天。

---

① 数据来源：2019 年中国乳品市场产销量、未来消费发展趋势及如何促进乳品的消费分析（http://www.chyxx.com/industry/202004/855470.html）。

结合第 2 章对价格波动度量方法的介绍及参考 Huchet‐Bourdon（2011）、张少军（2013）、黄漓江等（2017）学者们的研究，本章选择滚动标准差来测度价格波动。具体公式如下：

$$s = \sqrt{Z \times \frac{1}{n-1} \sum_{t=k}^{k+n-1} \left[\ln\left(\frac{P_t}{P_{t-1}}\right) - \overline{R} \right]^2}, k = 1, \cdots, N-n \quad (5-9)$$

对于周度与月度数据，使用滚动窗口固定为 1 年。以周度数据为例，2010 年 12 月第 4 周的价格波动是以 2010 年 1 月第 1 周到 2010 年 12 月第 4 周共 52 期计算而来的，因此 Z 与 n 均取值为 52。

依据式（5-9），对两组价格数据处理的方式简单介绍如下：①使用对数价格变动法计算出价格收益率；②以一年即 52 个周为滚动窗口计算价格收益率的滚动标准差；③对标准差数据乘以 52 的平方根得出了年化的波动率数据。处理后统计的样本共计 469 组数据，原料奶价格波动表示为 S_r，牛奶价格波动表示为 S_m。数据处理的过程中已经进行了无量纲化，尽管原料奶价格的单位为元/kg，牛奶价格的单位为元/L，单位不一致对结果分析并未造成任何影响。

5.4 模型估计与非线性检验

5.4.1 模型的建立与分析

（1）平稳性检验

传统的 VAR 理论要求模型中每一个变量都是平稳的，对于非平稳时间序列数据需要经过差分，得到平稳序列再建立 VAR 模型；或者各变量之间存在协整关系也可以直接建立 VAR 模型（高铁梅，2016）。因此，需要明确 VAR 模型系统内各变量的平稳性。由于 S_r 与 S_m 序列均值均不为 0，且通过观察序列图看出趋势并不明显，因此采用包含常数项但并不包含趋势的 Augmented Dickey‐Fuller（ADF）和 Phillips‐Perron（PP）检验方法对序列进行单位根检验。利用 Eviews8.0 软件检验结果如表 5.1 所示。

表 5.1　变量 ADF 与 PP 单位根检验

变量	ADF 检验		PP 检验		结论
	统计量	P 值	统计量	P 值	
S_r	−2.790 8	0.060 3	−2.905 6	0.045 4	平稳
S_m	−2.949 8	0.040 6	−2.922 5	0.043 5	平稳

从单位根检验结果可知，原料奶价格波动与牛奶价格波动变量都在10％的显著性水平上拒绝存在单位根的原假设，因此认为这两个序列是平稳的，符合 VAR 模型构建要求。

（2）滞后阶数 p 的确定

在建立 VAR 模型之前，需要明确模型的滞后阶数，不同的滞后阶数反映出的动态特征存在着差异性。在实证研究中，比较常用的有 AIC 信息准则、SC 信息准则与 LR 检验。通过表 5.2 的检验结果可知，AIC 当滞后期取 3 时最小（-23.7411），而 SC 当滞后期取 2 时最小（-23.6287），此时应考虑 LR 检验作为取舍标准，结果显示 $p=3$ 时为最优。因此，接下来构建出原料奶与牛奶价格波动的 VAR（3）模型。

表 5.2　滞后阶数的确定

Lag	LogL	LR	FPE	AIC	SC	HQ
0	3 702.849 5	NA	3.65 E−10	−16.055 8	−16.037 8	−16.048 7
1	5 462.240 9	3 495.884 0	1.80 E−13	−23.671 3	−23.617 5	−23.650 1
2	5 477.084 1	29.364 4	1.72 E−13	−23.718 4	−23.628 7*	−23.683 1
3	5 486.322 0	18.195 3*	1.68 E−13*	−23.741 1*	−23.615 6	−23.691 7*
4	5 488.880 0	5.016 2	1.69 E−13	−23.734 8	−23.573 5	−23.671 3
5	5 493.417 8	8.859 0	1.68 E−13	−23.737 2	−23.539 9	−23.659 5
6	5 493.797 8	0.738 7	1.71 E−13	−23.721 5	−23.488 4	−23.629 7
7	5 495.174 6	2.663 9	1.73 E−13	−23.710 1	−23.441 1	−23.604 2
8	5 499.377 2	8.095 2	1.73 E−13	−23.711 0	−23.406 1	−23.590 9

注：* 表示由准则确定的滞后阶数。

（3）模型估计与稳定性检验

利用 VAR 模型对 S_r 与 S_m 两个变量之间的关系进行了回归，其结果如下：

$$\begin{bmatrix} S_{r,t} \\ S_{m,t} \end{bmatrix} = \begin{pmatrix} -0.001\ 0 \\ 0.000\ 3 \end{pmatrix} + \begin{pmatrix} 1.132\ 7 & 0.006\ 6 \\ -0.001\ 1 & 1.125\ 3 \end{pmatrix} \begin{bmatrix} S_{r,t-1} \\ S_{m,t-1} \end{bmatrix} +$$

$$\begin{pmatrix} 0.014\ 7 & 0.364\ 4 \\ 0.001\ 4 & -0.068\ 5 \end{pmatrix} \begin{bmatrix} S_{r,t-2} \\ S_{m,t-2} \end{bmatrix} +$$

$$\begin{pmatrix} -0.166\ 5 & -0.249\ 1 \\ -0.001\ 2 & -0.078\ 4 \end{pmatrix} \begin{bmatrix} S_{r,t-3} \\ S_{m,t-3} \end{bmatrix} + \begin{bmatrix} \mu_{1t} \\ \mu_{2t} \end{bmatrix} \qquad (5-10)$$

由于 VAR 模型为非结构化模型，因此对模型系数的解释没有太大的意义，下面会通过格兰杰因果检验、脉冲响应与方差分解对模型进行解读，得到相关结论。模型的稳定性是进行有效的脉冲响应与方差分解的前提，因此通过模型单位根的模值来确定是否稳定，当所有单位根模的倒数都小于1时，则模型是稳定的。从表5.3与图5.1可知，所有特征值的根模的倒数都在单位圆之内，则本研究的 VAR 模型是稳定的。

表 5.3 VAR 模型稳定性检验

根	模量
$0.971\,712 - 0.014\,294\,i$	$0.971\,817$
$0.971\,712 + 0.014\,294\,i$	$0.971\,817$
$0.505\,016$	$0.505\,016$
$0.366\,485$	$0.366\,485$
$-0.346\,131$	$0.346\,131$
$-0.210\,826$	$0.210\,826$

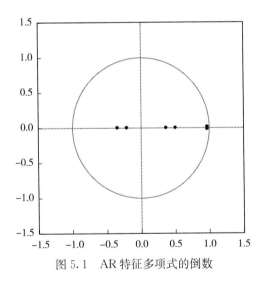

图 5.1 AR 特征多项式的倒数

（4）格兰杰因果检验

格兰杰因果检验用来判断一个变量 x 的滞后值是否可以帮忙预测另外一个变量 y 的未来值，如果可以，则证明 x 是 y 的因，对 y 具有一定的预测力或者解释力。由于格兰杰因果检验式是 VAR 模型中的一个方程，所以其滞后期 k 等于 VAR 模型的滞后阶数 p，滞后期 k 的选择实质上是一个判断性问题，如果一个变量滞后期对另外一个变量不存在显著的影响，则应该再做滞后期更长的检验。所以一般说要检验若干个不同滞后期 k 的格兰杰因果关系检验，且结论相同时，才可以最终下结论（张晓峒，2007）。因此，本研究在选取滞后期为 3 后，又增加滞后期为 5 与 10 的检验。表 5.4 结果表明：对于原假设 S_m 不是 S_r 的格兰杰原因，滞后期无论取 3、5 还是 10，均能在 5% 的显著性水平下拒绝原假设，说明牛奶价格波动对原料奶价格波动具有显著的格兰杰影响；而对于原假设 S_r 不是 S_m 的格兰杰原因，在所有滞后期的情景下均不能拒绝原假设，表明原料奶价格波动不是牛奶价格波动的格兰杰原因。可见，在产业链传导方向上，仅存在下游牛奶价格波动向上游原料奶价格波动的单向传导。

表 5.4 格兰杰因果检验结果

原假设	$k=3$		$k=5$		$k=10$		结论
	统计量	P 值	统计量	P 值	统计量	P 值	
S_m 不是 S_r 的格兰杰原因	3.284 8	0.020 7	3.624 9	0.003 2	2.535 7	0.005 6	拒绝
S_r 不是 S_m 的格兰杰原因	0.198 9	0.897 2	0.616 3	0.687 4	0.477 0	0.904 9	不拒绝

（5）脉冲响应与方差分解

格兰杰因果检验可知，牛奶价格波动是原料奶价格波动的格兰杰原因，而原料奶价格波动不是牛奶价格波动的格兰杰原因，因此接下来利用脉冲响应与方差分解仅分析牛奶价格波动对原料奶价格波动的影响。

脉冲响应函数主要是分析扰动项的影响如何传播到各变量的，即当模型中一个变量受到某种冲击时，通过传递对其他变量带来什么样的影响。在 VAR 模型中，通常采用"正交"脉冲响应函数去分析，但正交化的脉冲响应函数依赖于变量的次序。而广义脉冲不依赖于变量的次序，因此本研究在使用 Eviews 操作时选用"广义脉冲（Generalized Impulses）"并选取滞后期为 200（单位：周）进行分析。图 5.2 中，横轴表示冲击作用的滞后间数，纵轴表示原料奶价格波动的变化，可以看出当本期给牛奶价格波动一个正冲击后，原料奶价格波动开始稳定增加，并在第 28 期达到最大值，并且此影响具有较长的持续效应，最终逐渐趋向于 0。这表明下游牛奶零售价格波动受外部条件的某一正冲击后，经市场传递给上游原料奶产业，会给原料奶带来同方向的冲击，造成原料奶价格波动加剧并且会维持较长一段时间。

方差分解通过分析每一结构冲击对内生变量变化的贡献度，可以评估各变量冲击对系统动态变化的相对重要性。方差分解依赖于变量的次序，在第一时期，变量的所有变动均来自本身的信息。从表 5.5 与图 5.3 可知，牛奶价格波动冲击对原料奶价格波动的贡献率是逐渐增加的，最终稳定在约 29%。因此，下游牛奶市场对原料奶的价格波动的贡献率不可忽视。

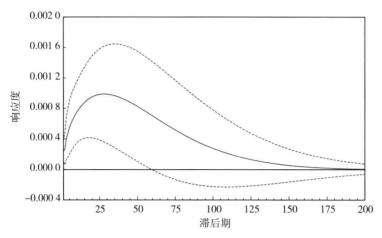

图 5.2 牛奶价格波动冲击引起原料奶价格波动的响应函数

注：实线为脉冲响应函数，虚线为脉冲响应相应的正负两倍标准差的偏离带。

表 5.5 牛奶价格波动冲击对原料奶价格波动的贡献率

Period	S. E.	S_r	S_m
1	0.001 5	100.000 0	0.000 0
2	0.002 3	99.999 9	0.000 1
3	0.003 0	99.878 8	0.121 2
4	0.003 6	99.708 3	0.291 7
5	0.004 2	99.463 0	0.537 0
6	0.004 6	99.175 1	0.824 9
7	0.005 0	98.846 2	1.153 8
8	0.005 4	98.483 7	1.516 3
9	0.005 7	98.090 4	1.909 6
10	0.006 0	97.669 7	2.330 4
11	0.006 3	97.224 2	2.775 8
12	0.006 6	96.756 6	3.243 4
13	0.006 8	96.269 4	3.730 6
14	0.007 0	95.765 0	4.235 0
15	0.007 3	95.245 9	4.754 1
16	0.007 5	94.714 2	5.285 8
17	0.007 6	94.172 1	5.828 0
18	0.007 8	93.621 5	6.378 5

（续）

Period	S. E.	S_r	S_m
19	0.008 0	93.064 4	6.935 7
20	0.008 1	92.502 5	7.497 5
…	…	…	…
99	0.011 4	70.887 4	29.112 7
100	0.011 4	70.848 2	29.151 8

Cholesky Ordering：$S_r S_m$

注：S. E. 是相对于不同预测期的变量的预测误差。

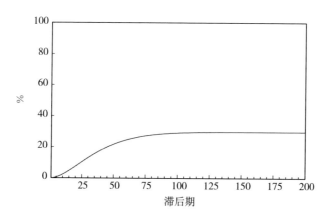

图 5.3　牛奶价格波动冲击对原料奶价格波动的贡献率

5.4.2　门限非线性检验

在上述研究中，我们利用 VAR 模型得出了牛奶价格波动是原料奶价格波动原因的结论。在研究过程中假设变量间存在线性关系，但不同的下游消费市场情境下对上游原料奶价格波动的影响是否存在着差异性，即下游消费市场波动较大（市场较为不稳定）与波动较小（市场较为稳定）对上游原料奶价格波动影响是否一致仍需探究。为回答此问题，本研究接下来利用门限 VAR（TVAR）模型进行检验。

首先，同线性 VAR 模型一致，选取滞后期 3 作为 TVAR 模型的最优滞后阶。其次，本研究选择门限变量为解释变量牛奶价格波动，而其门限值的选择方法主要有三步：第一步，将门限变量从小到大进行排序；第二步，用连续变量估计模型，并计算每个观察值的残差平方和；第三步，如果仅为一个门限值，则选择残差平方和最小的点，如果多个门限值，则在第一个门限值的基础上对第二门限值进行搜索从而达到整个模型的残差平方值最小（傅强等，2015）。这些过程可以通过计算机操作得以实现。

接下来对模型进行线性检验，即检验线性的 VAR 模型是否被门限非线性拒绝。门限效应检验使用模型的协方差矩阵并进行 LR 检验，本研究采用 R 语言来实现检验，检验结果见表 5.6，对于线性关系 VAR 模型与存在 1 个门限值两区制的 TVAR（1）模型进行门限效应检验，LR 统计值为 36.425 6，P 值不能拒绝"不存在门限效应"的原假设；同样对于 VAR 与 TVAR（2），仍然不能拒绝原假设，说明在样本区间内变量关系并未发生显著的非线性变动。因此，上述研究采用 VAR 模型对牛奶价格波动与原料奶价格波动的分析具有可行性。

表 5.6　LR 检验结果

VAR 与 TVAR（1）TVAR（2）检验	1vs2	1vs3
LR 统计量	36.425 6	78.739 1
P 值	0.300 0	0.100 0

5.5　结果与讨论

5.5.1　农场到零售价格波动的非对称传导

农产品价格垂直传导的非对称性是当今国内外研究的热点方向，价格垂直传导主要体现在对农场、批发与零售价格联系的分析。Vavra and Goodwin（2005）提出，分析垂直价格传导的研究主要评估调整的程度、调整的时间与调整的不对称性，且这些方面可以重申为四个基本问题：第一，传导程度，对某一价格既定的冲击，另一价格的反应程度；第二，传导速度，价格传导是否存在明显的滞后；第三，传导属性，在一定的市场层面上，正向与负向冲击之后的调整是否存在不对称性；第四，传导方向，产业链对价格冲击向上与向下的传导是否存在着不同。作者同时指出，在过程中任一方面都可能会出现不对称性。在国内，郑少华和赵少钦（2012）最早明确将农产品价格垂直非对称传递的属性概括为强度、速度、方向和符号四大方面，赵涤非等（2016）提出了类似的分类标准。

在前述的研究中，我们已经对价格传导与价格波动传导的联系与区别进行了详细的介绍。因此，参考上述学者们对价格传导非对称的研究，本研究认为价格波动传导非对称也可分为四大方面：①价格波动传导程度的非对称性，在产业链环节某一价格波动发生变化，其他价格波动变动的量；②价格波动传导速度的非对称性，即产业链上价格波动传导所需的时间存在着差异性；③价格波动传导符号的非对称性，即产业链上某一价格波动对其他价格波动的增加或者减少的敏感程度不同；④价格波动传导方向的非对称性，即确定价格波动的传导是自上而下或自下而上的单向传导还是双向传导。

对中国奶业产业链中价格传导的非对称研究中，马彦丽和孙永珍（2017）利用脉冲响应函数和误差修正分析均表明，奶业产业链上的价格非对称传递确实存在；同时非对称误差修正分析发现，牛奶零售价格的误差修正速度远快于生产者价格，而且牛奶零售价格对应于上游价格上涨的传递敏感于上游价格下跌，作者根据实证研究得出了"2008 年以来中国的奶业产业链重构并没有使奶农利益得到改善"的结论。可见，从垂直价格水平传导的角度，中国奶业产业链存在着非对称的现象。

此外，从价格波动传导的角度，本书上述研究从实证的角度证明了中国奶业产业链价格波动传导也存在着统计学意义上的单向因果关系，即存在着方向的非对称性现象。但 VAR 模型的结果仅能代表格兰杰意义上的因果关系走向，本研究认为从经济学的角度能够解释价格波动传导的单向关系（图 5.4）。一方面，当奶农受到外部冲击导致原料奶价格波动时，为了稳定消费者的购买行为与消费偏好，乳企和零售商接收到价格信息并通过定价策略并没有将上游的风险传导给下游消费者，即上游原料奶价格波动并没有能引起下游牛奶价格波动，也验证了本章提出的第一个研究假说；另一方面，当下游市场受到冲击呈现出价格波动时，在乳企和零售商的"操纵"下，下游消费者市场的不确定性可以顺畅地传导给上游生产者市场，增加了原料奶市场的波动，即中国下游牛奶价格波动能够引起上游原料奶价格的波动，也验证了本章提出的第二个研究假说。

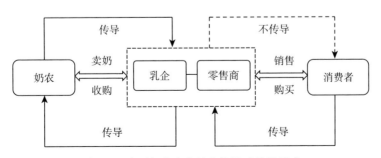

图 5.4　中国奶业产业链价格波动传导示意

5.5.2 非对称性的原因分析

对于农产品价格非对称传导的原因，已有研究认为市场势力和调整成本是主要的原因，政府干预与产品属性也经常被作为原因进行解释（于爱芝和杨敏，2018）。同价格传导的非对称性产生的原因类似，许多学者认为市场势力、产品属性等是导致价格波动非对称传导的因素，表明了影响价格传导的因素也会影响价格波动的传导（Assefa and Meuwissen，2013）。Apergis and Rezitis（2003）认为零售价格对农产品及其投入品价格的不确定性反应十分弱，农产品价格波动性高于其投入品及零售价格是以下原因造成的：第一，大部分的农产品相对于零售商品更易腐烂，储存能力更差；第二，农产品缺乏长期的合同约束，即市场上存在着市场势力；第三，相对于零售市场，生产者市场的需求弹性更低。Zheng et al.（2008）提出，由于分销和零售的集中度提高及大公司能够吸收价格的变化，会导致农产品的价格波动并未转嫁给消费市场。Serra（2011）也认为零售商的市场势力使他们能够快速稳定价格，但生产者却无法做到，因此价格更容易在危机时遭受波动。从研究中可知，尽管研究对象不同，诸多学者都将市场势力纳入解释价格波动传导存在非对称性的因素中。

对于中国奶业产业链从原料奶到乳制品的价格波动单向传导的结论，结合文献研究我认为主要可以从商品的属性及需求弹性两个途径去解释非对称性产生的原因。第一是产品属性，相对于下游的乳制品尤其是常温牛奶，原料奶存在着易腐性与极不易储存性，具有很强的资产专用性，奶牛一天两次的产奶必须要及时的销售出去，在市场地位不对等的情况下外部市场的任何变化都可能影响原料奶的销售价格；第二是需求弹性，在中国，由于消费习惯等原因，相对于粮油等农产品的需求，乳制品的需求价格弹性较大，即消费者对乳制品价格波动的敏感性强，意味着过于剧烈的价格波动会影响消费者对乳制品的购买行为，因此乳企与零售商一般会利用市场势力来吸收上游原料奶价格波动从而保障下游乳制品价格的稳定性。综上，可以看出两个解释非对称性产生原因的作用途径都是基于产业链上双方不对等的市场地位，在不平等的利益分配格局下，中国原料奶价格波动传导存在着非对称性。

上述研究结果从产业链价格波动传导的角度为中国奶业市场风险主要由养殖环节承担的现状提供了实证依据。而这一现象与中国奶业产业链中形成的"以乳企为核心的纵向一体化"发展模式密不可分。不同于新西兰、挪威等国家普遍实行的"以奶农合作社为核心的纵向一体化"发展模式（陈新，2010），乳企在中国奶业产业链中确立了主导地位。三聚氰胺事件以后，为确保原料奶的质量安全，中国政府的政策鼓励推进以乳企为核心的一体化来加强对上游原料奶质量监管，通过乳企间的兼并重组，乳企的市场势力得到了强化，但乳企与奶农或养殖企业的纵向联结依然脆弱；同时乳企向上游产业的延伸进一步强化了乳企在市场上的话语权，养殖者的利益难以得到保障（马彦丽等，2018）。因此，在中国乳企形成的寡头垄断格局下，其具有较强的市场势力，养殖环节的价格波动并没传导给下游消费者市场，但消费者仍支付了较高的价格，使消费者福利受到了损失；同时，下游消费的波动容易传导给原料奶市场，生产者面临的市场波动大。

5.6　本章小结

本章在机理分析的基础上利用向量自回归模型考察了奶业产业链中原料奶价格波动与牛奶价格波动的垂直传导关系。结果表明，中国下游牛奶价格波动是上游原料奶价格波动的原因，但上游原料奶价格波动却不是下游牛奶价格波动的原因。因此，从传导的方向上看，中国奶业产业链从农场到零售价格波动垂直传导存在着非对称性。同时，门限 VAR 模型检验表明样本区间内变量关系并未发生显著的非线性变动。

第6章　开放背景下的国际市场对中国原料奶市场波动溢出效应

6.1　引言

中国乳制品关税低，只有世界平均水平的 1/5，进口乳制品完税价格大幅低于国内生产成本，导致中国乳制品新增消费的 80% 被进口占据[①]。随着中国乳制品进口贸易的迅速增长，国际奶价与中国奶价的联动性愈发增强。根据第 3 章的研究，奶粉属于典型的价差替代型品种，由于其在质量与价格上存在优势，会对原料奶有着很强的替代性，乳企往往由于进口奶粉的存在而降低对原料奶的依赖（周宪锋等，2008；魏艳骄，2018），可以说奶粉对原料奶市场影响最大、最为直接。因此，本章主要侧重于国际奶粉市场对中国原料奶价格波动的溢出效应的探讨与研究。

中国原料奶价格与国际奶粉价格具有基本一致的趋势性，以全球乳制品贸易（GDT）的全脂奶粉拍卖价格为例，2013 年开始，全脂奶粉价格迅速飙升，从 1 月份的 3 198.60 美元/t 增长到 4 月份的 5 245.12 美元/t，三个月增长了 63.98%，随后一年内一直保持高价运行。同时，从 2013 年初中国原料奶价格也开始持续上涨，并于 2014 年 2 月达到 4.27 元/kg 的历史最高峰。2015 年全脂奶粉价格全面回落，全年均价仅为 2 417.62 美元/t，中国原料奶价格也呈现下跌趋势，2015 年全年均价降至 3.45 元/kg[②]。从上述数据中，可以初步判断国际奶粉市场对中国原料奶市场可能存在影响。李胜利等（2010）认为中国加入世界贸易组织以后，乳制品市场就已融入了国际市场，开始受到国际奶业波动的直接影响，持续的大包装奶粉冲击造成奶牛养殖大面积亏损，"倒奶、

[①]　资料来源：全国奶业发展规划（2016—2020 年）。

[②]　数据来源：农业与园艺发展局（AHDB：https://dairy.ahdb.org.uk/）与布瑞克农业大数据（http://www.chinabric.com/）。

杀牛"现象频发。此外，许多学者认为 2015 年初中国的"倒奶事件"与进口奶粉具有高度相关性（王利君和花俊国，2015；钱贵霞和潘月红，2015）。胡冰川和董晓霞（2016）利用一般均衡模型具体分析了乳品进口对中国奶牛养殖行业的影响，通过比较模型结果与现实情况推算出当国内国际乳制品（例如奶粉）相对比价增长 30%，意味着进口奶粉的相对价格下降 23%，此时国内乳制品（例如奶粉）的产出下降 7.7%，同步地，国内原料奶产量下降 7.6%，而国内原先用于乳制品（例如奶粉）的原料奶产量则下降 38.9%。因此，国际奶粉市场价格对中国原料奶产量造成冲击，也必将影响原料奶价格。卫龙宝和王倩倩（2018）从实证的角度更为直观研究证实了进口奶粉价格对中国原料奶价格影响的存在。虽然国际奶粉市场对中国原料奶价格的影响已经得到了学者们的共识，但仅仅停留在价格水平的分析上，很少有学者从波动的角度分析国外奶粉市场价格波动对中国原料奶价格波动的溢出效应。严哲人等（2018）从波动的角度考察了国际原料奶市场对国内原料奶的影响，但我们认为国外原料奶价格对中国原料奶价格的影响具有间接性，原料奶由于易腐特性并不能直接作为交易对象，而奶粉作为中国主要的进口品种，对原料奶具有很强替代性，分析奶粉价格更能直接体现其对中国原料奶价格波动的溢出效应。陆天宇（2019）虽对进口奶粉对中国奶价溢出效应进行了系统的分析，但未对进口奶粉品种进行识别从而无法判别不同品种奶粉对中国原料奶价格是否具有一致的波动溢出效应。因此，不同品种的国际奶粉市场与中国原料奶市场间的价格波动是否具有确定的联动性及溢出效应仍需进一步研究。本章试图通过利用相关模型对上述问题进行探究，以期对中国原料奶产业的健康稳定发展提供一定的指导。

6.2 贸易结构与作用机理

6.2.1 中国奶粉进口贸易结构

通过上述分析可知，价格信息与进口贸易是影响国内原料奶价格波动溢出效应的主要原因，因此有必要对中国奶粉进口结构进行简要分析，从而探寻出影响中国原料奶价格波动的主要奶粉价格信息源与进口来源国。同第 4 章分类一致，进口奶粉按照海关 HS 编码分类包括了 HS040210（固态乳及奶油，含脂量≤1.5%）、HS040221（未加糖的固态乳及奶油，含脂量＞1.5%）与 HS040229（其他固态乳及奶油，含脂量＞1.5%）三大类别。其中，HS040210 被称为脱脂奶粉，HS040221 与 HS040229 被称为全脂奶粉。

首先，从图 6.1 可知，2011 年到 2018 年中国进口奶粉整体呈增长趋势，尤其是 2013 年与 2014 年，由于国内供给不足、国际奶粉价格下跌等原因，使奶粉进口数量激增。从奶粉进口品种结构来看，中国奶粉进口以全脂奶粉为主，历年占比都达到 60％以上。因此，全脂奶粉作为中国奶粉进口贸易需求量最大的品种，其对中国原料奶与乳制品产业影响非常大[①]。

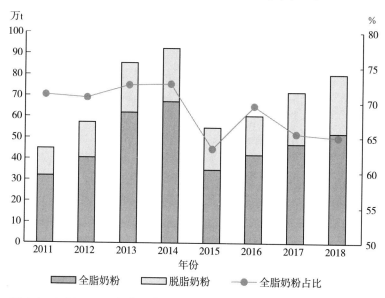

图 6.1　2011—2018 年中国全脂奶粉、脱脂奶粉进口量及全脂奶粉占比
数据来源：国研网国际贸易研究及决策支持系统。

其次，从 2011 年到 2018 年奶粉进口来源地看，中国奶粉进口来源国排名前三位的有新西兰、澳大利亚与美国，且新西兰为最大进口来源国，历年进口占比达到 70％以上（图 6.2）。从品种来看，中国脱脂奶粉进口虽主要来源于新西兰，但美国、澳大利亚等国家也是中国脱脂奶粉进口重要的来源地；但在全脂奶粉进口国中，新西兰占比在大部分年份都达到 90％以上，甚至于 2012 年占比达到 96.19％，处于绝对的垄断地位（图 6.3）。因此，新西兰奶粉尤其是全脂奶粉与中国市场已经形成密不可分的联系。

6.2.2　国际奶粉对中国原料奶价格波动溢出作用机理

贸易传导和信息诱发是国际粮价影响国内粮价的两种基本方式（高帆和龚芳，2012；吕捷和林宇洁，2013），具体到国际奶粉对中国原料奶市场的价格波动的溢出效应，同样可认为通过价格信息与进口贸易为主要途径实现传导

---

①　观点来源：胡定寰：国外进口全脂奶粉影响我国乳制品行业（http://finance.sina.com.cn/china/20120925/084413229779.shtml).

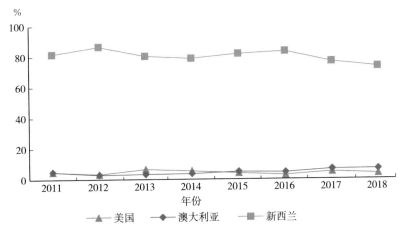

图 6.2　中国奶粉进口主要来源国的进口量占比
数据来源：国研网"国际贸易研究及决策支持系统"。

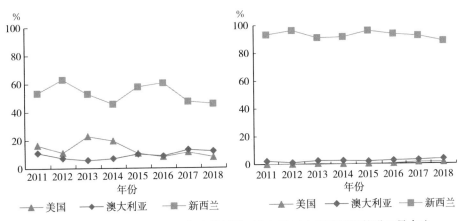

图 6.3　中国脱脂奶粉（左）与全脂奶粉（右）进口主要来源国的进口量占比
数据来源：国研网"国际贸易研究及决策支持系统"。

的。具体作用机理表现如下（图 6.4）。

（1）当使用进口奶粉与用国内原料奶生产的奶粉价格出现倒挂时，价格信息会直接传递给国内乳企，价格信号成为乳企经营管理的重要参考指标；在价格信息的刺激下，乳制品企业会由于国际奶粉的成本优势选择进口更多的原料奶粉，从而使得乳企对国内原料奶使用偏好发生改变。乳企通过减少对国内原料奶的需求，从需求端直接引发国内原料奶价格的波动。

（2）在中国，由于乳企与奶农利益联结机制的不完善，乳企在产业链联结机制中处于主导地位，导致奶农在原料奶定价过程中缺乏话语权。当原料奶由于乳企对其需求的减少而出现价格波动时，直接表现为奶农收入的不稳定性，当奶农利益受损时，往往会导致倒奶杀牛甚至退出养殖行业现象的发生，从而在供给端对国内原料奶价格波动造成一定的影响。

因此，国际奶粉对中国原料奶市场价格波动溢出效应是以乳企为核心主体，通过价格信息与进口贸易的渠道相互影响与作用的。

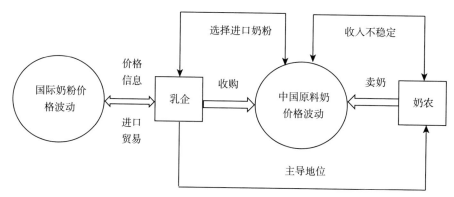

图 6.4 国际奶粉对中国原料奶价格波动溢出效应作用机理

6.3 理论模型与数据说明

6.3.1 BEKK - GARCH 模型

自回归条件异方差（ARCH）模型（Engle，1982）与广义自回归条件异方差（GARCH）模型（Bollerslev，1986）作为考察价格尤其是金融资产收益率波动的有效工具，我们在第 4 章已经对此类模型的表达形式作了详细的解释。此类单变量 GARCH 模型能充分捕获数据中的波动集聚性，主要用于资产波动特征的刻画与分析。在考察不同市场的波动溢出方面，虽然单变量 GARCH 模型也得到了大量的应用，但其在分析多个资产波动的相关性方面是缺乏效率的（赵留彦和王一鸣，2003）。Engle 和 Kroner（1995）提出的一类多变量 GARCH 模型，即 BEKK - GARCH 模型，不仅能够对不同市场间的波动溢出效应进行更为有效的估计，还克服了如 VECH 多变量模型中待估参数较多的问题。对 GARCH 类模型滞后阶数选取方面，很多学者选择使用 GARCH（1，1）模型对市场的波动进行分析（Lamoureux and Lastrapes，1993；Apergis and Rezitis，2003），一般可以认为 GARCH（1，1）足以描述现实中大部分时间序列数据的状况（易丹辉，2008）。因此，本章采用 BEKK -GARCH（1，1）模型对国际奶粉价格与中国原料奶价格的波动溢出效应进行探究。模型的方程设定如下：

$$Y_t = \gamma_0 + X_t \phi + \mu_t \qquad \mu_t \sim N(0, H_t) \qquad (6-1)$$

式（6-1）为模型向量形式的条件均值方程，Y_t 为因变量，X_t 为自变量，μ_t 表示条件均值方程的扰动项，并服从均值为 0，方差为 H_t 的正态分布。均值方程的目的是消除任何的线性依赖。假设研究国际、国内两个市场，若其存在跨期相关关系，一般使用 VAR 或 VEC 模型对均值方程进行过滤，这个过程也被国内学者称为对均值（一阶矩）溢出效应的研究（肖小勇等，2014；高群和宋长鸣，2016）。若两个市场并不存在均值溢出效应，并不代表不存在波动溢出效应，市场间可能会存在二阶矩上的关联性，可通过构建单个市场的自回归（AR）、移动平均（MA）、自回归移动平均（ARMA）模型或中心化的均值方程，剥离出的残差能更好地进行方差分析。

$$H_t = CC' + A' \mu_{t-1} \mu'_{t-1} A + B' H_{t-1} B \qquad (6-2)$$

式（6-2）条件方差方程为本章研究的重点，H_t 为残差的条件方差协方差矩阵，C 为下三角矩阵，A 为 ARCH 项系数矩阵，B 为 GARCH 项矩阵。具体而言，对于二元 BEKK-GARCH（1，1），其矩阵形式为：

$$
\begin{bmatrix} h_{11,t} & h_{12,t} \\ h_{21,t} & h_{22,t} \end{bmatrix} = \begin{bmatrix} c_{11} & o \\ c_{21} & c_{22} \end{bmatrix} \begin{bmatrix} c_{11} & o \\ c_{21} & c_{22} \end{bmatrix}' +
$$

$$
\begin{bmatrix} a_{11} & a_{12} \\ a_{21} & a_{22} \end{bmatrix}' \begin{bmatrix} \mu_{1,t-1}^2 & \mu_{1,t-1}\,\mu_{2,t-1} \\ \mu_{1,t-1}\,\mu_{2,t-1} & \mu_{2,t-1}^2 \end{bmatrix} \begin{bmatrix} a_{11} & a_{12} \\ a_{21} & a_{22} \end{bmatrix} +
$$

$$
\begin{bmatrix} b_{11} & b_{12} \\ b_{21} & b_{22} \end{bmatrix}' \begin{bmatrix} h_{11,t-1} & h_{12,t-1} \\ h_{21,t-1} & h_{22,t-1} \end{bmatrix} \begin{bmatrix} b_{11} & b_{12} \\ b_{21} & b_{22} \end{bmatrix}
$$

$$(6-3)$$

其中

$$h_{11,t} = c_{11}^2 + a_{11}^2 \mu_{1,t-1}^2 + 2 a_{11} a_{21} \mu_{1,t-1} \mu_{2,t-1} + a_{21}^2 \mu_{2,t-1}^2 + b_{11}^2 h_{11,t-1} +$$
$$2 b_{11} b_{21} h_{21,t} + b_{21}^2 h_{22,t-1} \qquad (6-4)$$

$$h_{22,t} = c_{21}^2 + c_{22}^2 + a_{12}^2 \mu_{1,t-1}^2 + 2 a_{12} a_{22} \mu_{1,t-1} u_{2,t-1} + a_{22}^2 \mu_{2,t-1}^2 +$$
$$b_{12}^2 h_{11,t-1} + 2 b_{12} b_{22} h_{12,t-1} + b_{22}^2 h_{22,t-1} \qquad (6-5)$$

$$h_{12,t} = c_{11} c_{21} + a_{11} a_{12} \mu_{1,t-1}^2 + (a_{21} a_{12} + a_{11} a_{22}) \mu_{1,t-1} \mu_{2,t-1} +$$
$$a_{21} a_{22} \mu_{2,t-1}^2 + b_{11} b_{12} h_{11,t-1} +$$
$$(b_{12} b_{21} + b_{11} b_{22}) h_{12,t-1} + b_{21} b_{22} h_{22,t-1} \qquad (6-6)$$

由于 H_t 为协方差矩阵，故 $h_{12,t}$ 等于 $h_{21,t}$。上式中 $h_{11,t}$ 与 $h_{22,t}$ 分别代表市场 1 和市场 2 的条件方差；$h_{12,t}$ 与 $h_{21,t}$ 代表两市场间的条件协方差；对于市场 1，a_{11}、b_{11} 代表其条件方差受到自身的过去冲击与市场波动的影响，由于式（6-2）

中 A 与 B 均运用其转置矩阵进行左乘，a_{12}、b_{12} 则分别代表市场 1 对市场 2 的 ARCH、GARCH 型波动溢出效应，而并非市场 2 对市场 1 的价格波动溢出效应（Rats10User Guide）。同样对于市场 2 可以得出相同结论。检验市场 1 对市场 2 不存在溢出效应，则原假设为：$a_{12}=b_{12}=0$，此时式（6-5）与式（6-6）会转化为：

$$h_{22,t} = c_{21}^2 + c_{22}^2 + a_{22}^2 \mu_{2,t-1}^2 + b_{22}^2 h_{22,t-1} \tag{6-7}$$

$$h_{12,t} = c_{11} c_{21} + a_{11} a_{22} \mu_{1,t-1} \mu_{2,t-1} + a_{21} a_{22} \mu_{2,t-1}^2 + b_{11} b_{22} h_{12,t-1} + b_{21} b_{22} h_{22,t-1} \tag{6-8}$$

此时，市场 2 的条件方差没有受到市场 1 的影响，仅受自身过去值的影响。同理，可以检验市场 2 对市场 1 不存在溢出效应的情景。因此，对市场 1 与市场 2 之间的波动溢出效应设定如下假设：

假设 1：H_0：$a_{12}=b_{12}=0$，即市场 1 对市场 2 不存在价格波动溢出效应；

假设 2：H_0：$a_{21}=b_{21}=0$，即市场 2 对市场 1 不存在价格波动溢出效应；

假设 3：H_0：$a_{12}=b_{12}=0$，$a_{21}=b_{21}=0$，即市场 1 与 2 之间不存在价格波动溢出效应。

由上可知，可以通过矩阵 A 和矩阵 B 的非对角元素来判断市场间的波动溢出效应，具体而言，若系数 a_{12} 和 b_{12} 至少存在一个在显著性水平上拒绝原假设，则存在市场 1 对市场 2 的波动溢出效应，同理，若系数 a_{21} 和 b_{21} 至少存在一个不等于 0，则存在市场 2 对市场 1 的波动溢出效应。

多元 GARCH 模型的参数是由高斯对数似然函数的极大似然法估计的。对于单个观察值，其似然函数为：

$$l_t(\theta) = -\frac{N}{2}\ln(2\pi) - \frac{1}{2}\ln(|H_t|) - \frac{1}{2}\mu_t' H_t^{-1} \mu_t \tag{6-9}$$

含有 T 个样本的对数似然函数为 $l(\theta) = \sum_{t=1}^{T} l_t$，即为：

$$l(\theta) = -\frac{TN}{2}\ln(2\pi) - \frac{1}{2}\sum_{t=1}^{T}\ln(|H_t|) - \frac{1}{2}\sum_{t=1}^{T}\mu_t' H_t^{-1} \mu_t \tag{6-10}$$

其中，θ 为带估计参数向量；T 为样本总量；N 为序列数量。

6.3.2　数据说明

全球乳制品贸易（Global Dairy Trade，GDT）是由新西兰乳制品巨头恒天然公司搭建的乳制品拍卖平台，从 2008 年成立以来，GDT 已经发展成为一个全球性的、领先的乳制品贸易与价格发现平台，GDT Events 为全球交易的乳制品提供了可靠的市场参考价格①，其拍卖价格成为全球乳制品交易价格重要的风向标之一，它的涨跌不仅让新西兰等传统乳业出口大国颇为关心，也让中国这样的乳制品净进口国对其"操心不已"②。基于 GDT 价格的全球影响力及新西兰绝对主导的进口来源国地位，选取 GDT 所有合同（All contracts）奶粉的加权平均价格作为国际奶粉价格的代表具有合理性与可行性。通过上述分析可知，全脂奶粉作为中国主要的奶粉进口品种，对中国原料奶市场的影响最大，本书选取 GDT 全脂奶粉价格作为主要研究对象，分析其对中国原料奶市场价格波动溢出效应，同时脱脂奶粉进口量虽不如全脂奶粉，但作为进口奶粉的重要组成部分，对中国原料奶价格的波动溢出效应与全脂奶粉是否存在差异性也需进一步研究，为了对比分析，也将 GDT 脱脂奶粉价格纳入本书分析框架。

　　恒天然拍卖最早于 2008 年 7 月以全脂奶粉为首种产品进行了拍卖，随后脱脂奶粉在 2010 年 3 月开启了首次交易。截至 2010 年 8 月，恒天然拍卖周期为每月 1 次，随后为每月 2 次。因此，为保持数据统计频率的一致性，本书选取 2011 年 1 月至 2019 年 5 月的每月 2 次的双周奶粉价格数据作为样本，样本数为 202，数据来源于农业与园艺发展局③。GDT 全脂奶粉价格（wp）、GDT 脱脂奶粉价格（sp）的单位为美元/t，由于奶粉价格与中国原料奶价格计价单位不同，本书通过汇率换算将奶粉价格统一为人民币元，月度汇率数据来源"国际货币基金组织"。原料奶收购价格（rp）采用农业部对原料奶十大主产省的集贸市场周度定点监测数据，来源于布瑞克农业大数据与"全国畜牧业监测预警信息"。由于原料奶价格数据为周度数据，而奶粉价格为双周数据，根据当地时间对数据进行筛选及配对，筛选完成的原料奶数据基本上与奶粉拍卖时间相同或者相差一天，可作为与奶粉价格对应的中国原料奶双周价格数据。

　　在第 2 章研究中可知，对价格波动的研究中，通常考虑时间序列数据的价格收益率而非价格水平，对数价格变动法能够保证价格变动的连续性，具有良好的统计特征。因此，本章同样选择价格收益率作为研究对象，其公式表示如下：

$$R_t = \ln\left(\frac{P_t}{P_{t-1}}\right) \tag{6-11}$$

---

① 观点来源：GDT 官网（https：//www. globaldairytrade. info/）。

② 观点来源：全球乳制品贸易价格指数 GDT（https：//www. kannz. com/global - dairy - tradE - pricE - index/）。

③ 数据来源：农业与园艺发展局（AHDB：https：//dairy. ahdb. org. uk/）。

式（6-11）中，R_t 指价格收益率，P_t 代表研究对象 t 期的价格，P_{t-1} 代表上一期的价格。使用 R_{wp}、R_{sp} 及 R_{rp} 分别代表 GDT 全脂奶粉、GDT 脱脂奶粉及中国原料奶市场的价格收益率。

6.4 模型构建与检验

6.4.1 条件均值方程的确定

首先，利用 ADF 检验对 GDT 全脂奶粉、GDT 脱脂奶粉及中国原料奶的价格收益率数据进行单位根检验。通过三个序列的时间趋势图可知，三个序列均在纵坐标为零的上下波动，因此选取不存在常数项与趋势项的 ADF 检验进行检验。结果表明，三个价格序列均在 1‰显著性水平上拒绝存在单位根的原假设，故可认为所有序列都是平稳的（表6.1）。

表 6.1 变量单位根检验

变量	检验形式（C，T，P）	统计值	P 值	结论
R_{wp}	（0，0，0）	$-9.330\ 9$	0.000 0	平稳
R_{sp}	（0，0，0）	$-10.822\ 3$	0.000 0	平稳
R_{rp}	（0，0，1）	$-5.108\ 6$	0.000 0	平稳

注：检验形式（C，T，P）中，C 表示常数项，T 表示时间趋势，P 表示滞后阶数。

其次，由于变量均为平稳序列，适合直接建立 VAR 模型去检验均值溢出效应，并分别构建了 GDT 全脂奶粉与中国原料奶、GDT 脱脂奶粉与中国原料奶的 VAR 模型。对于 R_{wp} 与 R_{rp}，依据信息判别准则，确定滞后阶数为 3 的 VAR（3）模型；同样对于 R_{sp} 与 R_{rp}，构建滞后阶数为 2 的 VAR（2）模型。在此设定的基础上，对变量进行 Granger 因果检验，结果表明（表 6.2），GDT 全脂奶粉价格收益率与中国原料奶价格收益率不互为因果关系，GDT 脱脂奶粉价格收益率与中国原料奶价格收益率也不互为因果关系。因此，可以认为无论 GDT 全脂奶粉还是 GDT 脱脂奶粉，其价格收益率分别与中国原料奶价格收益率的条件均值均不存在相互溢出效应。通过分别建立包含两个变量的两个 VAR 模型，而非建立包含三个变量的 VAR 模型的原因在于：通过初步判断，存在着 GDT 全脂奶粉对 GDT 脱脂奶粉价格收益率的均值溢出效应，而各自与中国原料奶价格收益率却不存在均值溢出效应，如若放在一起建立 VAR 均值模型，则会降低重点研究的国际奶粉对中国原料奶溢出效应的精确度。因此我们将通过构建单个市场的均值方程，分别剥离出其残差进行波动分析。

表 6.2　各变量的均值溢出 Granger 因果检验的结果

原假设	F 统计值	P 值	结论
R_{rp} 不能 Granger 引起 R_{wp}	0.657 3	0.579 1	不拒绝
R_{wp} 不能 Granger 引起 R_{rp}	1.842 6	0.140 8	不拒绝
R_{rp} 不能 Granger 引起 R_{sp}	0.028 1	0.972 3	不拒绝
R_{sp} 不能 Granger 引起 R_{rp}	1.349 7	0.261 8	不拒绝

若市场间均值不存在跨期互相关关系，不意味着市场是独立的，因为两个市场的二阶矩可能存在格兰杰因果关系（赵留彦和王一鸣，2003）。然后，通过对 R_{wp}、R_{sp} 和 R_{rp} 三大序列的 Q 统计量检验可知，三个变量均存在显著的自相关性（表 6.3）。对于条件均值方程，资产收益率一般没有自相关或者仅有弱的自相关，如果样本均值显著不等于零，需要从数据中减去样本均值（Tsay，2010）。因此，需要通过对每个变量构建 AR、MA 或 ARMA 模型，从而消除其自相关现象。经过若干试验，对于 R_{wp}、R_{sp} 和 R_{rp}，分别经由 ARMA（2，2）、AR（1）和 AR（2）模型过滤后的残差序列基本上不存在自相关性，均提取出了非预期的价格收益率序列作为研究市场波动的观察值，从构建后的价格收益率残差图可以看出，三个模型的残差时间序列均呈现"成群"现象，这说明残差项可能会存在条件异方差性（图6.5、图6.6、图6.7）。

表 6.3　价格收益率序列的 Q 统计量

Lag		Q-Stat	Prob.		Q-Stat	Prob.		Q-Stat	Prob.
1		31.140	0.000		13.679	0.000		47.557	0.000
2		31.693	0.000		13.975	0.001		94.845	0.000
3		38.458	0.000		16.942	0.001		117.35	0.000
4		42.620	0.000		19.254	0.001		141.47	0.000
5		43.342	0.000		19.446	0.001		155.61	0.000
6	R_w	43.653	0.000	R_s	24.815	0.000	R_r	166.74	0.000
7		45.722	0.000		25.662	0.001		167.93	0.000
8		46.537	0.000		25.774	0.001		170.97	0.000
9		47.040	0.000		26.202	0.002		171.13	0.000
10		50.018	0.000		27.042	0.003		171.16	0.000
11		53.050	0.000		29.594	0.002		171.16	0.000
12		53.486	0.000		29.907	0.003		171.18	0.000

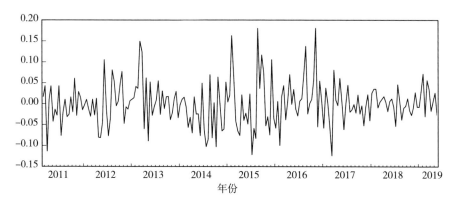

图 6.5　GDT 全脂奶粉价格收益率回归方程残差

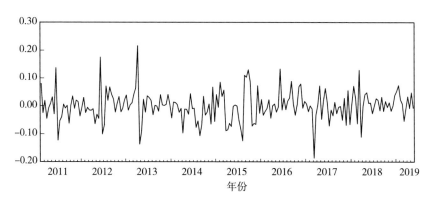

图 6.6　GDT 脱脂奶粉价格收益率回归方程残差

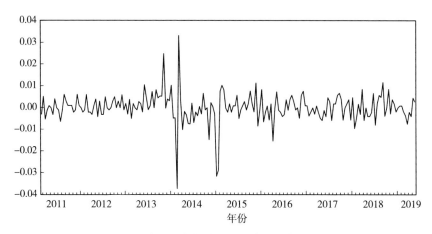

图 6.7　中国原料奶价格收益率回归方程残差

6.4.2　ARCH 效应检验

为进一步明确经 ARMA、AR 模型过滤后的价格收益率均值方程残差是否存在 ARCH 效应，本章采用 ARCH－LM 检验，分别得到各方程在滞后 1 阶与 2 阶的检验结果（表 6.4），结果表明三个均值方程的残差序列的 F 统计值与 Obs＊R－Squared 统计量均是显著的，拒绝"不存在 ARCH 效应"的原假设，可以认为三个均值方程都存在 ARCH 效应。因此，可进一步对市场间的波动溢出效应进行分析。

表 6.4　ARCH－LM 检验结果

均值方程	滞后阶数	F－Statistic	Prob.	Obs＊R－Squared	Prob.
R_{wp}：ARMA（2，2）	1	3.963 3	0.047 9	3.924 4	0.047 6
	2	2.510 0	0.083 9	4.969 0	0.083 4
R_{sp}：AR（1）	1	19.162 9	0.000 0	17.641 4	0.000 1
	2	9.602 1	0.000 1	17.751 4	0.000 1
R_{rp}：AR（2）	1	41.880 0	0.000 0	34.858 9	0.000 0
	2	25.978 9	0.000 0	41.615 6	0.000 0

此外，基于上述研究，对 GDT 奶粉与中国原料奶的方差-协方差方程提出如下假设：

假设 1：H_0：$a_{12}=b_{12}=0$，即 GDT 奶粉对中国原料奶不存在价格波动溢出效应；

假设 2：H_0：$a_{21}=b_{21}=0$，即中国原料奶对 GDT 奶粉不存在价格波动溢出效应；

假设 3：H_0：$a_{12}=b_{12}=0$，$a_{21}=b_{21}=0$，即 GDT 奶粉与中国原料奶之间不存在价格波动溢出效应。

6.5　检验结果与分析

使用 WinRATS 10.0 软件对 BEKK－GARCH（1，1）模型中变量间溢出效应进行估计，结果显示，各条件均值方程系数基本上都在 5％水平上显著（表 6.5）。一方面说明全脂奶粉、脱脂奶粉及原料奶价格收益率受其自身滞后期影响较大，另一方面表明条件均值方程的形式设定具有合理性，正确的条件均值方程设定保证了条件方差方程估计的有效性。

表 6.5 BEKK - GARCH（1，1）模型估计结果

参数	全脂奶粉与原料奶		脱脂奶粉与原料奶	
	估计值	t 检验值	估计值	t 检验值
全脂（脱脂）奶粉条件均值方程				
常数	0.000 2 (0.003 1)	0.079 0	0.001 1 (0.003 3)	0.326 6
ar（1）	0.837 9*** (0.183 7)	4.561 8	0.222 2*** (0.075 7)	2.937 3
ar（2）	−0.526 4*** (0.123 1)	−4.277 5	—	—
ma（1）	−0.421 7** (0.187 7)	−2.247 2	—	—
ma（2）	0.324 9** (0.135 1)	2.405 4	—	—
原料奶条件均值方程				
常数	0.000 6* (0.000 3)	1.793 3	0.000 2 (0.000 3)	0.484 1
ar（1）	0.216 3*** (0.075 5)	2.864 2	0.327 7*** (0.072 6)	4.511 6
ar（2）	0.509 4*** (0.079 5)	6.406 2	0.279 8*** (0.075 0)	3.732 0
条件方差-协方差方程				
c_{11}	0.005 8 (0.007 6)	0.763 6	0.041 3*** (0.003 2)	12.968 2
c_{21}	−0.001 4 (0.001 2)	−1.129 6	0.000 4 (0.000 5)	0.900 1
c_{22}	0.001 7** (0.000 7)	2.387 6	1.00 e−9 (0.000 6)	2.32 e−6
a_{11}	0.240 1** (0.103 2)	2.325 3	0.652 0*** (0.096 0)	6.788 3
a_{12}	−0.036 0*** (0.011 0)	−3.264 1	−0.003 6 (0.007 1)	−0.509 8
a_{21}	−0.804 6 (0.499 7)	−1.610 2	0.505 7 (0.478 8)	1.056 1
a_{22}	0.659 6*** (0.127 9)	5.157 5	0.365 2*** (0.050 5)	7.225 7

（续）

参数	全脂奶粉与原料奶		脱脂奶粉与原料奶	
	估计值	t 检验值	估计值	t 检验值
b_{11}	0.951 6*** (0.033 69)	28.244 0	0.120 5 (0.257 9)	0.467 3
b_{12}	0.005 8 (0.007 3)	0.798 1	−0.017 5* (0.009 0)	−1.949 0
b_{21}	0.979 6*** (0.357 4)	2.740 9	−0.272 9 (0.667 3)	−0.409 0
b_{22}	0.690 7*** (0.105 3)	6.559 9	0.927 5*** (0.020 9)	44.277 3
原假设	Wald 值	P 值	Wald 值	P 值
$H_0, a_{12}=b_{12}=0$	11.169 6	0.003 8	9.476 3	0.008 8
$H_0：a_{21}=b_{21}=0$	7.680 4	0.021 5	1.177 5	0.555 0
$H_0：a_{12}=b_{12}=a_{21}=b_{21}=0$	19.030 2	0.000 8	11.864 7	0.018 4
模型多元 ARCH 效应检验	统计值	P 值	统计值	P 值
滞后 1 阶	11.65	0.233 7	5.79	0.760 4
滞后 5 阶	49.41	0.301 4	29.14	0.967 8

注：***、**和 * 分别表示在 1%、5%和 10%的水平上显著，括号内为标准误。

条件方差方程估计结果为本章重点研究部分，反映出不同市场间的波动溢出效应。具体结论分析如下：

第一，对于 GDT 全脂奶粉市场与中国原料奶市场，系数 a_{11} 与 a_{22}、b_{11}、b_{22} 均显著异于零，表明 GDT 全脂奶粉市场与中国原料奶市场价格收益率均存在着显著的 ARCH 效应与 GARCH 效应，即波动受到自身过去冲击的影响较大且波动具有持久性。对于 GDT 脱脂奶粉与中国原料奶市场而言，系数 a_{11} 与 b_{11} 显著异于零说明 GDT 脱脂奶粉市场受到自身过去冲击的影响且波动具有持久性，b_{22} 的估计值在 1% 的水平上显著，再次表明中国原料奶市场波动的持久性。

第二，GDT 全脂奶粉市场与中国原料奶市场间存在双向波动溢出效应。具体来看，系数 a_{12} 在 1% 水平上显著异于零，表明 GDT 全脂奶粉对中国原料奶存在 ARCH 型的波动溢出效应，即 GDT 全脂奶粉市场的过去冲击对中国原料奶市场当期波动影响显著。系数 b_{21} 在 1% 水平上显著异于零，意味着中国原料奶对 GDT 全脂奶粉存在着 GARCH 型的价格波动溢出效应，即中国原料奶市场过去条件方差对 GDT 全脂奶粉市场当期波动影响显著。这意味着，不仅 GDT 全脂奶粉对中国原料奶市场存在着显著的波动溢出效应，随着近些年中国在国际乳制品贸易尤其是进口贸易参与度的加深，中国原料奶对 GDT 全脂奶粉市场也存在着波动溢出效应。因此，GDT 全脂奶粉与中国原料奶市场间存在着双向波动溢出效应。

第三，GDT 脱脂奶粉市场与中国原料奶市场间存在单向波动溢出效应。只有系数 b_{12} 在 10％的水平上显著不为零，即 GDT 脱脂奶粉的过去条件方差对中国原料奶市场当期条件方差影响显著，表明存在 GDT 脱脂奶粉对中国原料奶市场的波动溢出效应。但系数 a_{21}、b_{21} 在 10％的水平上均不显著，表明中国原料奶市场的过去冲击对当期 GDT 脱脂奶粉市场波动不显著，且中国原料奶市场的过去条件方差对当期 GDT 脱脂奶粉市场条件方差影响也不显著。因此可以得出结论，无论是 GDT 全脂奶粉还是 GDT 脱脂奶粉，均存在着对中国原料奶市场的波动溢出效应，即国际奶粉市场显著影响着中国原料奶市场的波动。但是，中国原料奶市场仅存在着对 GDT 全脂奶粉市场的波动溢出效应。分析其可能的原因，一方面中国脱脂奶粉进口量远不如全脂奶粉，且进口来源国不像全脂奶粉基本上以新西兰为主导，美国和澳大利亚也是重要的进口来源国，即从进口数量方面来看，从新西兰进口的脱脂奶粉量远远低于全脂奶粉的数量，导致中国原料奶市场对 GDT 脱脂奶粉的影响并不显著；另一方面，据王晶晶等（2019）的研究，不同于 GDT 全脂奶粉在全球出口市场占据的主导地位，欧洲、大洋洲和北美洲均在全球脱脂市场上占据着重要的地位，可见在脱脂奶粉市场上，全球竞争相对激烈，其价格波动的影响因素更为复杂。

第四，本书使用施加限定条件的 Wald 检验，进一步验证上述的研究结论。具体而言，对于 GDT 全脂奶粉市场与中国原料奶市场，三个 Wald 检验均在 1％的水平上显著，因此能够拒绝 $a_{12}=b_{12}=0$，$a_{21}=b_{21}=0$ 及 $a_{12}=b_{12}=a_{21}=b_{21}=0$ 的原假设，进一步证实了两个市场间存在着双向的波动溢出效应。而对于 GDT 脱脂奶粉与中国原料奶市场，仅能拒绝 $a_{12}=b_{12}=0$ 及 $a_{12}=b_{12}=a_{21}=b_{21}=0$ 的原假设，但不能拒绝 $a_{21}=b_{21}=0$ 的原假设，也进一步证实了仅仅存在着 GDT 脱脂奶粉市场对中国原料奶市场的波动溢出效应，而不存在中国原料奶市场向 GDT 脱脂市场的波动溢出效应。

第五，我们利用 mvarchtest 程序对模型进行了多元 ARCH 效应检验，分别检验了模型滞后 1 阶及 5 阶的标准化残差，结果中显示 P 值均无法拒绝原假设，表明不能拒绝"不存在 ARCH 效应"的原假设，因此可见 BEKK－GARCH（1，1）模型能够有效地估计市场间的价格波动溢出效应。

6.6　本章小结

　　本章基于 2011 年 1 月至 2019 年 5 月的双周价格数据，利用 BEKK - GARCH 模型，主要对国际奶粉市场对中国原料奶市场波动溢出效应进行了研究。结果表明，GDT 全脂奶粉市场与中国原料奶市场存在双向波动溢出效应。具体来说，GDT 全脂奶粉对中国原料奶存在 ARCH 型的价格波动溢出效应，即 GDT 全脂奶粉市场的过去冲击对中国原料奶市场当期波动影响显著；同时，中国原料奶对 GDT 全脂奶粉存在着 GARCH 型的波动溢出效应，即中国原料奶市场过去条件方差对 GDT 全脂奶粉市场当期波动影响显著；GDT 脱脂奶粉市场与中国原料奶市场间存在单向波动溢出效应，即 GDT 脱脂奶粉的过去条件方差对中国原料奶市场当期条件方差影响显著；而中国原料奶市场的过去冲击对当期 GDT 脱脂奶粉市场波动不显著，且中国原料奶市场的过去条件方差对当期 GDT 脱脂奶粉市场条件方差影响也不显著。因此，得出了如下结论：存在着 GDT 奶粉对中国原料奶市场的波动溢出效应，但中国原料奶市场仅存在对 GDT 全脂奶粉市场的波动溢出效应。

第7章 中国原料奶价格波动平抑效应：
基于养殖规模化的视角

7.1 引言

在 4、5、6 章的研究中我们可以看出中国原料奶价格波动较为剧烈且受到国内外市场的影响。值得注意的是，近年来伴随着原料奶价格波动的同时，中国奶牛养殖呈现出快速规模化的态势，特别是三聚氰胺事件发生以后，养殖规模化被认为是保障原料奶质量及安全的重要手段，受到了政府与学者们的推崇。可以说，三聚氰胺事件是一个典型的市场失灵下的食品安全事件，为了解决和矫正市场失灵，中国政府加大了对养殖规模化的支持与扶持。2016 年，农业部等五部委联合印发的《全国奶业发展规划（2016—2020 年）》中，就明确提出了 2020 年规模养殖比重不低于 70％的奶业发展目标。从 2008 年开始，国家开始支持奶牛标准化规模养殖小区（场）建设，并以存栏量作为重要的补贴依据，同时各地方政府也对奶牛养殖规模化进行政策扶持。近年来，奶牛养殖规模化程度得到了很大的提升，对提升中国原料奶的质量及产业的升级发挥了积极的作用。此外，在"大就是好"的思维下，万头牧场得到了一些人的追捧，但同时其发展模式也受到了一些质疑，万头牧场被部分专家认为是"作秀"，或者是企业宣传的噱头，或者被隐藏在背后的具有诱惑力的政府优惠政策所吸引[①]。养殖规模化的发展在引导产业规模变化中会对原料奶供给产生影响，继而可能会引起原料奶价格的波动。基于此，本章提出以下的研究问题：什么程度的养殖规模化能在平抑原料奶价格方面发挥着重要的作用？是否养殖规模化程度越高越能平抑原料奶价格波动？本章通过全国各省面板数据的验证希冀从养殖规模化角度找出稳定原料奶价格波动的规模因素，同时为政府支持

---

① 观点来源：中国乳业万头牧场大跃进或隐藏另一乳业危机（http://www.niu305.com/a/zx/gnhq/01129162012.html）。

适合中国奶牛养殖规模化的决策提供理论与实证依据。

相对于国外学者，中国学者对养殖规模化与价格波动价格关系的相关成果较为丰富，且主要集中于生猪与猪肉产业，并通过不同的研究方法进行了分析。李明等（2012）通过对中国、美国和日本三国猪肉价格波动的特点和生猪饲养模式的比较研究，发现规模化养殖程度显著影响波动幅度，当前较小的专业化生产规模是导致中国猪肉价格波动幅度远大于美国和日本的重要原因之一。张春丽和肖洪安（2013）运用相关性分析方法，对不同规模生猪养殖户数量和价格波动进行实证分析，研究发现生猪养殖规模化可以促进生猪价格稳定，规模在 10 000～49 999 头的生猪养殖户在稳定生猪价格和抵抗价格波动方面的能力最强，对稳定生猪生产的作用最明显。郭利京等（2014）研究发现，散养户和小规模户是生猪价格上涨和下跌的主要推动力量，中规模养殖场是生猪价格稳定的中坚力量，大规模养殖场可能加大生猪价格的波动。郭娉婷等（2017）认为，中国生猪养殖模式仍以散户为主，这在一定程度上决定了生猪价格波动的剧烈程度；另外养殖规模的不断扩大在短期内会加剧价格波动，但长期来看将有利于生猪价格的稳定。王刚毅等（2018）运用省级面板数据考察了养殖资本化对生猪价格波动的稳定效应，研究结果表明：中规模资本养殖和小规模资本养殖是平抑价格波动的主要力量，而大规模资本养殖的稳定作用不明显。对于生猪产业的研究，学者们的研究普遍认为养殖规模化能有效稳定生猪的价格，但对不同的规模化养殖的作用效果并没有达成一致。

在奶牛养殖规模化与原料奶价格波动方面，学者们对中国原料奶价格波动进行探讨时，提出稳定原料奶价格的政策建议是积极推进奶牛养殖规模化（李翠霞和栾颖，2017；于海龙等，2018），从侧面反映出推进养殖规模化可能是平抑中国原料奶价格波动的有效途径与方式。然而，这些研究多停留在理论分析的层面，并未通过实证方法去检验养殖规模化程度对中国原料奶价格波动的平抑效应，尤其是未能阐述不同的养殖规模化的作用是否存在差异性，本章尝试通过实证研究对此平抑效应进行检验，以此来判断不同程度养殖规模化对原料奶价格波动的作用效果。

7.2　结构演化与作用机理

7.2.1　中国奶牛养殖规模结构演化

从中国奶牛养殖规模结构来看，近年来中国奶牛存栏量 100 头以上的养殖规模化水平不断提升，从 2009 年的 26.8% 增长到 2017 年的 58.3%，同时养殖规模化结构中存栏量 500 头以上扩张最为显著（图 7.1）。此外，奶牛存栏量 100 头以下的养殖比重持续下降，并且以存栏量 50 头以下的养殖比重下降为主。由此可见，中国奶牛养殖业演化趋势呈现出"大规模进，小散户退"的特征。在养殖规模化中，存栏量 500 头以上的规模养殖增长速度最快，从 2009 年的 16% 增长到 2017 年的 45.2%，中国奶业规模养殖正朝着大型养殖规模化的方向发展。

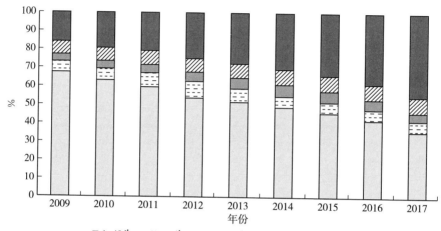

图 7.1 2009—2017 年中国奶牛养殖规模结构演化
数据来源：《2019 中国奶业统计摘要》。

7.2.2 不同养殖规模化对原料奶价格波动的作用机理分析

养殖规模化，是指养殖场的规模达到了一定的标准，通常也可指规模化养殖场比重增加的现象。相对于奶牛的散户养殖，规模化养殖场在市场谈判能力、资源获取能力、抗市场风险等某些方面表现出一定的优势。近年来，中国各地加快发展规模化养殖，奶牛规模养殖比重不断提高，推行奶牛养殖规模化已经成为中国奶业现代化转型必由之路[1]。尽管都是规模化养殖，但不同的养殖规模化主体由于其行为决策的异质性，对原料奶市场价格波动的作用机制可能也存在着差异性，具体作用路径如下：

（1）规模经济效应的作用

规模经济效应是指由要素规模报酬递增引起的一种现象，规模化养殖场通

---

① 观点来源：奶牛规模化养殖：我国奶业现代化转型必由之路（http://news.sciencenet.cn/sbhtmlnews/2010/11/238022.html）。

过生产规模的扩大，原料奶产量的增加而促进了平均成本的下降，使得养殖场能以较小的投入获得较大的效益。产生规模经济效应的养殖户往往具有更大的风险承受能力，能更灵活地应对市场的变化对养殖场的不利影响。但当规模超出一定限度，规模报酬就会由递增降为递减，养殖场的利润率开始下降。从每头奶牛的成本利润率可知（图 7.2），2009 年到 2017 年，仅 2014 年与 2017 年中国存栏量 500 头以上的规模养殖场每头奶牛年平均成本利润率高于存栏量51～500 头的年平均成本利润率，其他年份均是中规模养殖场的奶牛年平均成本利润率更高。因此，奶牛养殖规模过大并不能一定能提高养殖场的成本利润率水平（魏艳骄和朱晶，2019），反而制约了其市场竞争力，在市场低迷时期相比小型养殖规模化更容易出现亏损的情况，可能导致大型养殖场做出如加快奶牛淘汰速度、增加犊牛小牛喂养等限产与减产的决策。而大型养殖场由于其整体规模较大，甚至有些在区域市场内形成垄断力量，其行为决策直接从供给端对市场造成冲击，继而对原料奶市场的价格波动造成影响。

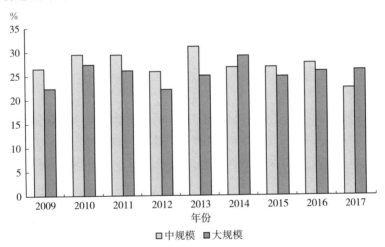

图 7.2　中国平均每头奶牛年平均成本利润率：中规模与大规模

数据来源：历年《全国农产品成本收益资料汇编》，其中分类标准为中规模（50＜养殖规模≤500）和大规模（养殖规模＞500）。

（2）政府政策导向的影响

2007 年，《国务院关于促进奶业持续健康发展的意见》提出通过发展规模养殖小区（场）等方式，加快推进养殖环节的规模化、集约化、标准化，逐步解决奶牛养殖规模小而散问题。从 2008 年开始，中央政府开始安排预算内专项资金，用于支持奶牛标准化规模养殖小区（场）改扩建。与此同时，中国各地方政府也不断创新举措，支持规模化养殖场的发展。在政策的扶持下，各地规模化养殖快速推进。然而，中国养殖规模化补贴政策是以存栏量作为依据，即养殖场规模越大获得的补贴越高，在政策的引导与刺激下，一些规模养殖场会盲目扩大生产，继而导致产量及价格的波动变化。同时，近年来中国对环境保护的重视程度越来越高，并加大污染处罚力度。而规模越大的养殖场，其处理粪污等所需的资金越高，导致大型养殖场的生产成本也逐渐提升。因此，政策的导向对不同规模化养殖场存在明显区别，可能引发养殖主体市场行为的差异性，进而对原料奶市场价格波动有差异化的影响。值得注意的是，环保政策对市场价格波动的影响最终也内化为规模经济效应而发挥着作用。

养殖规模化能够发挥有效稳定价格波动的作用，其深层次的原因在于奶牛养殖的效益高且稳定，即养殖产业运行能够实现与资源匹配并且达到经济有效的状态，从而稳定原料奶生产与市场价格。

7.3 变量选取、模式设置及数据说明

7.3.1 变量选取

(1) 被解释变量

本章旨在研究不同养殖规模化对原料奶价格波动的影响，因此价格波动为被解释变量。根据第 2 章对价格波动度量的介绍，选取收益率标准差来测度市场价格波动程度。为更加清晰地呈现出价格波动的计算过程，本章将使用月度数据，并以一年即 12 个月来计算年化波动率的过程，其展示如下。首先，价格收益率采用对数价格变动法：

$$R_t = \ln\left(\frac{P_t}{P_{t-1}}\right) = \ln(P_t - P_{t-1}) \qquad (7-1)$$

式（7-1）中，R_t 指价格收益率，P_t 代表 t 时刻的价格变量，P_{t-1} 则代表 $t-1$ 期的价格变量。波动等于价格收益率的标准差，月度价格收益率在一年周期内的标准差表示为：

$$s = \sqrt{\frac{1}{12-1}\sum_{t=1}^{12}(R_t - \bar{R})^2} \qquad (7-2)$$

其中，$\bar{R}$ 为 12 个月的价格收益率平均值。但式（7-2）中的计算结果为月波动率，在经济数据分析中，波动率通常年化表示，即等于月波动率与每年交易月平方根的乘积。因此，年化波动率计算公式表示为：

$$V = s \times \sqrt{12} \qquad (7-3)$$

其中，12 代表了一年内的月度周期数。通过上述公式计算出的中国原料

奶价格波动，记为RP。

（2）解释变量

本章核心的解释变量养殖规模化，通常使用规模养殖比重去衡量。《全国奶业发展规划（2016—2020 年）》《国务院办公厅关于推进奶业振兴保障乳品质量安全的意见》等政策文件均对中国 100 头以上规模养殖比重提出了要求，可见养殖规模化使用年存栏 100 头以上的规模养殖比重为衡量指标。但据《中国畜牧兽医年鉴》对中国各省奶牛不同规模的存栏量统计数据仅能获取到 2010 年，从 2011 年至今仅统计了各省不同规模存栏量所对应的养殖场的数量，而规模养殖场的占比同样也反映出产业规模化养殖状况。因此基于数据的可得性，采用年存栏数 100 头以上的养殖场数量占总养殖场数量比例作为养殖规模化的代理指标，记为FA。为研究不同的规模养殖场占比对价格波动不同的作用机制，本章依据一年内存栏量养殖场占比将养殖规模化划分为小型养殖规模化（存栏量 100～199 头的养殖场占比，记为$FA1$）、中型养殖规模化（存栏量 200～499 头的养殖场占比，记为$FA2$）以及大型养殖规模化（存栏量 500 头以上的养殖场占比，记为$FA3$）。

同时，原料奶的价格波动也受到不同因素的影响，基于第 3 章的理论分析及数据可获取性角度，引入了其他控制变量[①]以保证回归结果的精确性。第一，玉米价格波动。玉米作为奶牛饲养最为重要的精饲料构成部分，其价格的波动会直接影响奶牛养殖成本，从而引起原料奶的价格波动。玉米价格波动记为CP。第二，豆粕价格波动。类似于玉米，豆粕也作为奶牛养殖饲料中重要的构成部分之一，其价格波动对原料奶价格波动也会造成影响，豆粕价格波动记为SP。第三，进口奶粉价格波动。进口奶粉作为原料粉，已经成为乳制品企业用于替代国内原料奶的原料，其价格波动对中国原料奶价格波动的影响在前述研究中已经得到了证实，因此将进口奶粉价格波动作为控制变量纳入模型具有必然性，进口奶粉价格波动记为IP。第四，突发事件。2008 年 9 月中国爆发了的"三聚氰胺奶粉"事件，作为近年来波及范围最广、影响最为恶劣的食品安全事件，对原料奶产业造成了重大的冲击，引致原料奶价格大幅波动，

---

①　本章也将尝试将牛肉价格波动及疫病指数纳入解释变量进行分析。尽管第 4 章的研究表明牛肉价格波动对原料奶价格波动有影响，但结果显示牛肉价格波动在回归结果中并不显著，可能的原因在于使用省级面板数据，牛肉经过屠宰、批发等流程具有流动性较强的特点，各省之间价格外溢效应导致价格存在强相关性，熨平了各省价格波动对原料奶价格波动的影响；同时，参考周晶等（2015）、王刚毅等（2018）的研究，尝试构建出疫病指数来反映疾病发生对原料奶价格波动的影响；农业农村部发布的《兽医公报》中存在着将牛和其他畜禽同时爆发某种疾病（如口蹄疫）次数共同统计的情况，且牛的分类包括了肉牛和奶牛等，无法完全剥离出仅针对奶牛的疫情状况，故舍弃此变量。

造成原料奶价格在未来一年时间内的下降，因此由三聚氰胺突发事件造成波动的年份虚拟变量记为 TF，即 2009 年为 1，其余年份为 0。

7.3.2 模式设置

不同于其他农产品，原料奶的易腐性决定了其短时效性，在被动的地位下奶农往往易受制于乳制品加工企业，在收购价格上缺乏定价权。因此，当市场上养殖结构发生变化时，如散户大量退出，会及时并迅速地影响到原料奶市场的供给，造成价格波动的变化。而控制变量对原料奶价格波动的影响无滞后期或者滞后期时间较短，使用年度数据可以忽略滞后期的影响。基于上述分析，构建出如下的计量模型：

$$RP_{it} = \alpha + \beta_1 FA_{it} + \beta_2 CP_{it} + \beta_3 SP_{it} + \beta_4 IP_{it} + \beta_5 TF_{it} + \mu_i + \varepsilon_{it}$$

$$(7-4)$$

其中，i 代表地区，t 代表时间，μ_i 为代表"个体效应"的不可观测的随机变量，ε_{it} 为随个体和时间而变动的扰动项。

7.3.3 数据说明

由于湖南、海南及西藏三省份原料奶价格的缺失，本研究选取 28 个省份的面板数据作为研究对象，时间维度为 2009—2017 年，样本容量为 252。各地区奶牛饲养规模情况相关数据来源于历年《中国畜牧兽医年鉴》，且 2018 年之前的规模养殖场的统计口径是按照年平均存栏规模来确定的，并不是由年末存栏量来决定的，因此可用来分析其规模对当年价格波动的影响；原料奶、玉米和豆粕月度价格来源于历年《中国畜牧兽医年鉴》与"全国畜牧业监测预警信息"；进口奶粉相关数据来源于"国研网国际贸易研究及决策支持系统"；同第 4 章、第 6 章分类一致，进口奶粉按照海关 HS 编码分类包括了 HS040210（固态乳及奶油，含脂量≤1.5%）、HS040221（未加糖的固态乳及奶油，含脂量>1.5%）与 HS040229（其他固态乳及奶油，含脂量>1.5%）三大类别，使用以三大类别进口数量为权重得出的加权平均价格。由于海关统计各省进口量及进口金额使用的是进口经营单位注册地，并不能代表最终使用地，加上进口奶粉流动性较高及中国乳制品市场寡头垄断的格局，假设进口奶粉波动对中国各省原料奶价格波动的影响不存在明显的差异，故各省进口奶粉价格都使用全国数据进行替代，并通过汇率进行换算。原料奶价格、玉米价格、豆粕价格及进口奶粉价格使用月度数据，玉米、豆粕与进口奶粉价格波动的测度方法同原料奶价格波动一致。模型中的变量描述性统计特征见表 7.1。

表 7.1　变量描述性统计

指标	代码	均值	标准差	最小值	最大值
原料奶价格波动	RP	0.067 7	0.047 5	0.014 1	0.396 1
规模化养殖	FA	0.083 3	0.190 5	0.000 2	1.000 0
小型规模化养殖	$FA1$	0.020 2	0.035 3	9.97 E - 05	0.260 5
中型规模化养殖	$FA2$	0.028 8	0.075 6	9.97 E - 05	0.451 3
大型规模化养殖	$FA3$	0.034 2	0.093 6	9.97 E - 06	0.837 8
玉米价格波动	CP	0.085 4	0.041 8	0.021 7	0.230 9
豆粕价格波动	SP	0.096 6	0.057 8	0.015 9	0.321 5
进口奶粉价格波动	IP	0.175 9	0.051 6	0.105 5	0.265 5
突发事件	TF	0.111 1	0.314 9	0.000 0	1.000 0

7.4　模型估计与分析

7.4.1　估计方法选取

　　本章估计数据为短面板数据，对于短面板，由于时间维度 T 较小，每位个体的信息较少，无法探讨扰动项是否存在自相关，故一般假设扰动项独立同分布（陈强，2014），可以不考虑自相关问题。而对面板数据，重要的是需要判断采用混合回归、固定效应模型或者随机效应模型进行估计。以下检验均以规模化养殖为例。

　　首先，采用最小二乘虚拟法（LSDV）来考察个体虚拟变量的显著性，结果表 7.2 显示不少虚拟变量在 10％ 水平上呈现显著性，可拒绝"所有个体虚拟变量的系数都为 0"的原假设，即认为模型存在个体固定效应，不应该使用混合回归。

表 7.2　LSDV 对个体虚拟变量估计结果

省份 id	系数	稳健标准误	t 值	P 值
2	0.001 0	0.004 6	0.22	0.828
3	−0.018 8	0.005 3	−3.57	0.001
4	0.005 1	0.006 1	0.84	0.409
5	−0.008 1	0.009 1	−0.89	0.383
6	0.011 6	0.006 3	1.84	0.076

（续）

省份 id	系数	稳健标准误	t 值	P 值
7	0.014 2	0.007 2	1.96	0.060
8	−0.011 1	0.008 9	−1.25	0.221
9	−0.053 4	0.030 1	−1.77	0.088
10	−0.017 0	0.002 8	−6.11	0.000
11	0.017 5	0.004 9	3.56	0.001
12	−0.014 1	0.004 1	−3.42	0.002
13	0.013 6	0.006 9	1.98	0.058
14	−0.010 5	0.007 9	−1.33	0.196
15	0.008 8	0.006 6	1.34	0.192
16	−0.018 1	0.006 4	−2.83	0.009
17	0.002 5	0.005 0	0.49	0.631
18	0.040 9	0.005 3	7.77	0.000
19	0.001 5	0.007 7	0.19	0.852
20	0.075 7	0.007 3	10.38	0.000
21	0.009 9	0.008 8	1.13	0.270
22	−0.022 5	0.008 0	−2.81	0.009
23	−0.002 8	0.007 4	−0.38	0.708
24	0.022 8	0.006 8	3.35	0.002
25	0.008 1	0.007 5	1.07	0.292
26	0.050 8	0.006 9	7.32	0.000
27	0.024 1	0.006 0	4.00	0.000
28	0.008 7	0.007 5	1.17	0.254

　　其次，对固定效应回归模型中的组间异方差进行检验，结果显示卡方值为1 588.88，对应的 P 值为 0.000 0，可见模型存在着异方差。因此，选择异方差稳健的豪斯曼检验对固定效应与随机效应进行判断，结果显示 Sargan - Hansen 统计值为 19.737，P 值为 0.001 4。因此，强烈拒绝随机效应的原假设模型，需要选择固定效应模型，表明不可观测的异质性会对解释变量有影响。

　　再次，为判断模型中是否存在不随个体而变但随时间而变的遗漏变量，需要进一步考察时间固定效应，即是否存在"双向固定效应"，经检验所有的年份均不显著，无法拒绝无时间效应的原假设，所以认为不应该在模型中包括时间效应。

最后，尽管假设了不同个体之间扰动项相互独立，但同一个个体却在不同时期内往往存在着自相关，因此在前面模型检验及后面模型估计过程中均选择以各省聚类变量作为计算聚类稳健的标准误。本章所有的估计使用 Stata14.0 软件来完成。

7.4.2　估计结果分析

首先将养殖规模化水平对原料奶价格波动的影响进行整体考察，根据表7.3 回归结果可知，养殖规模化的系数为 0.07[①]。至此，是否可以认为养殖规模化对原料奶价格波动具有推动作用？不同的规模化养殖对原料奶价格波动作用的机制可能存在着差异性，把所有存栏量 100 头以上的养殖规模化加总进行回归仅代表不同的规模化养殖综合作用呈现的结果。近年来中国过快的规模化特别是大规模、超大规模养殖的快速发展引发了学者们的讨论，刘长全等（2018）、韩磊和刘长全（2019）认为虽然近年来奶牛养殖规模化趋势明显，但大规模养殖并不是最经济的生产方式，甚至表现出明显的不经济性，中国应该稳步推进奶牛适度规模养殖。因此不同类型的规模养殖对稳定原料奶价格波动是否存在着不同的作用方式？基于此问题，本研究进一步将规模化养殖分为小型规模化养殖、中型规模化养殖以及大型规模化养殖三大类型进行深入的分析。

表 7.3　养殖规模化对原料奶价格波动影响估计结果

变量	系数	稳健标准误差	t 值	P 值
FA	0.070 3	0.034 6	2.03	0.052
CP	0.251 9	0.084 3	2.99	0.006
SP	−0.145 7	0.067 8	−2.15	0.041
IP	0.086 2	0.032 7	2.64	0.014
TF	0.031 4	0.013 2	2.38	0.025
常数	0.035 7	0.009 2	3.90	0.001

表 7.4 显示了对小型养殖规模化、中型养殖规模化及大型养殖规模化采用聚类稳健标准误的固定效应回归的结果。结果表明，存栏量 100～199 的小型

[①]　此结果也从侧面说明了在中国原料奶市场中非规模化养殖即小型养殖场与散户的存在一定程度上会稳定市场的价格，原因在于假如当市场出现供过于求时，乳企采取"拒奶"的对象往往是小型养殖场与散户，他们被迫无奈"倒奶杀牛"，在一定程度上是他们的"牺牲"稳定了市场价格。

养殖规模化占比的提高有利于平抑原料奶价格波动。这是由于适度合理的规模可以带来规模经济效益，相比于大型规模养殖场，其规模更适宜实施"种养结合一体化"的生态循环模式，能有效地降低养殖成本，提高其市场风险抵御能力，有利于稳定生产及市场价格。事实上，世界上大多数奶牛养殖国家都依据各国的资源环境、土地承载力等因素来决定适合当地的养殖规模，由于土地资源丰富、人口密度小等优势，平均养殖规模较大的国家有新西兰、澳大利亚、美国等，其平均规模分别为414头、261头与234头，而日本、韩国的平均规模分为别80.7头与76头，德国、法国与荷兰的平均规模则分别为61头、64头与95.1头[1]。由此可见，适度养殖规模才是这些国家奶业发展的基础。由于中国人均耕地面积少，且耕地破碎化程度太高，更适宜发展适度规模经营的养殖业。本章从平抑价格波动的角度提出，适度的小型规模化农场或许可以成为中国未来重点发展的对象。

表7.4 各类型养殖规模化对原料奶价格波动影响估计结果

变量	小型养殖规模化（FA1）		中型养殖规模化（FA2）		大型养殖规模化（FA3）	
	估计值	t 值	估计值	t 值	估计值	t 值
FA1	−0.221 8** （0.102 5）	−2.16	—	—	—	—
FA2	—	—	−0.101 7 （0.139 2）	−0.73	—	—
FA3	—	—	—	—	0.179 9*** （0.037 0）	4.86
CP	0.261 0*** （0.078 7）	3.32	0.259 1*** （0.078 5）	3.30	0.230 2*** （0.080 4）	2.86
SP	−0.139 3** （0.064 2）	−2.17	−0.146 2** （0.065 0）	−2.25	−0.128 3 * （0.063 8）	−2.01
IP	0.091 1*** （0.031 6）	2.88	0.093 8*** （0.031 9）	2.94	0.081 5** （0.032 3）	2.52
TF	0.0274** （0.012 9）	2.14	0.027 5** （0.013 0）	2.12	0.033 6** （0.013 1）	2.57
常数项	0.044 3*** （0.009 0）	4.94	0.043 1*** （0.009 8）	4.40	0.036 2*** （0.009 5）	3.83

---

① 数据来源：《2018 中国奶业统计资料》。

（续）

变量	小型养殖规模化（FA1）		中型养殖规模化（FA2）		大型养殖规模化（FA3）	
	估计值	t 值	估计值	t 值	估计值	t 值
F 统计值	18.32		18.93		19.56	
p 值（F 值）	0.00		0.00		0.00	
观测值	252		252		252	

注：FA1、FA2 与 FA3 分别代表小型养殖规模化、中型养殖规模化及大型养殖规模化，***、**
和 * 分别表示在 1%、5% 和 10% 的显著性水平上拒绝有单位根的原假设，括号内为稳健标准误。

存栏量 200～499 的中型养殖规模化对原料奶价格波动的平抑效应不显著，中型规模养殖场占比的提高并未对平抑原料奶价格波动具有显著影响。可能原因在于，2011 年之前，中国奶牛标准化规模养殖补贴的起步标准为存栏量 200头，而 2011 年之后，中国奶牛标准化规模养殖补贴的起步标准调整为 300 头，因此存栏量 200～499 的养殖场在保障补贴要求的最低标准存栏量的前提下对存栏量的决策更有灵活性。补贴政策的激励作用下养殖场会依据市场变化调整其存栏量，为实现保证当前等级补贴或提升补贴等级的目的，可能使市场供给发生变化加剧原料奶价格波动，从而对冲了其规模经济效应对原料奶价格波动的稳定作用。

同时，存栏量 500 头以上大型养殖规模化占比提高却加大了原料奶价格的波动。一方面，规模较大的农场反而会产生"规模不经济"，从而导致价格诉求发生变化，大型养殖场由于其规模优势而拥有更强的市场谈判权，甚至在某些区域内形成垄断势力，在原料奶市场向好时，往往要求乳企对其收购价格提高幅度更大，而在原料奶市场下行时，提前淘汰、催肥出栏，从而加剧原料奶价格波动。另一方面，中国以存栏量作为补贴导向的政策使得 500 头以上养殖场补贴额度更大，在此政策的激励下，养殖场可能为获取补贴盲目扩大规模，导致市场供给发生变化从而影响价格波动。

从控制变量对原料奶价格波动的影响来看，各变量均对原料奶价格具有显著影响，但影响的大小及方向具有差异性。具体来说，中国玉米价格波动显著地加剧了原料奶价格的波动，而豆粕价格波动对原料奶价格波动具有负向作用。相对于玉米以国内供给为主，中国大豆主要依靠进口，豆粕作为大豆的副产品受国际市场影响较大，价格波动更为剧烈，当豆粕价格上涨过快时，养殖企业会用棉籽粕、菜籽粕、花生粕等替代品，使得中国豆粕价格波动对原料奶价格波动呈现负向影响。此外，各回归结果都显示玉米价格波动的回归系数的绝对值大于豆粕价格波动回归系数的绝对值，同样我们也可以认为中国原料奶价格波动具有成本推动型特点。随着中新、中澳自贸协定的签订及乳制品进口关税的减让，使得国内国外市场联动效应日趋明显，因此进口奶粉价格波动通过传导对国内原料奶价格波动具有正向影响。突发事件回归系数为正，表明三聚氰胺事件引发了各省原料奶价格的迅速下跌，加剧了原料奶价格的波动。

7.5 稳健性检验

7.5.1 内生性分析

通过上述分析可知，规模养殖对原料奶价格波动产生影响，而且影响迅速。如果价格波动对养殖规模化产生影响，将导致模型的内生性，造成模型回归结果不精确。但我们认为从严格意义上来说，当年价格波动并不是解释养殖规模变化的成因。主要原因是在价格方面，影响养殖规模化的因素是价格水平的变动，即价格的持续下降或者上升。一方面，虽然价格波动的增加会导致养殖规模的变化，但具有一定的滞后性，奶农养殖决策不是受短期内波动的影响，而是持续的价格波动作用的结果。举例来说，2014年3月开始受国际市场的影响，中国原料奶价格波动较大，导致2015年初全国各地频发"倒奶杀牛"事件，继而使得养殖规模化水平发生变化。另一方面，如果价格水平持续呈现出较小的走低状态，即用价格波动指标衡量的数值相对较小，会导致奶农亏损，从而加速奶农退出，也会影响养殖规模化的程度。以2016年为例，全国平均原料奶价格呈现微弱下降趋势，价格波动相对于前三年较为平稳，但2016年及2017年存栏量100头以下的养殖场退出速度却都创造了历史的新高。因此，从理论层面的分析可知，价格波动与养殖规模化并不存在严格的双向因果关系。

7.5.2 子样本检验

为验证模型设定的合理性与实证结果的稳健性，本研究选取子样本进行稳健性检验。为减少产量异质性对回归结果的影响，依据2017年原料奶产量，剔除了产量低于10万t的贵州、重庆、广西与江西四省的数据，使用剩余样本进行检验。表7.5回归结果表明，子样本的回归结果与使用全样本的回归结果基本上一致，且关注的核心解释变量（养殖规模化）的回归系数与显著性都未发生较大的变化，表明回归结果具有较好的稳健性。

表 7.5　稳定性检验：各类型养殖规模化对原料奶价格波动影响估计结果

变量	小型养殖规模化（FA1）		中型养殖规模化（FA2）		大型养殖规模化（FA3）	
	估计值	t 值	估计值	t 值	估计值	t 值
$FA1$	−0.190 8** (0.085 1)	−2.24				
$FA2$	—		−0.099 4 (0.131 6)	−0.76		
$FA3$			—		0.162 9*** (0.033 9)	4.81
CP	0.252 7*** (0.084 5)	2.99	0.250 6*** (0.084 1)	2.98	0.224 6** (0.086 1)	2.60
SP	−0.194 6*** (0.059 4)	−3.28	−0.200 4*** (0.060 6)	−3.30	−0.182 5* (0.058 6)	−3.11
IP	0.116 1*** (0.033 7)	3.44	0.118 9*** (0.034 2)	3.48	0.104 5** (0.035 0)	2.98
TF	0.017 5 (0.010 5)	1.66	0.017 3 (0.010 5)	1.66	0.023 3** (0.010 6)	2.21
常数项	0.046 2*** (0.009 5)	4.86	0.045 5*** (0.001 0)	4.55	0.038 8*** (0.009 6)	4.05
F 统计值	20.42		24.08		24.53	
p 值（F 值）	0.00		0.00		0.00	
观测值	216		216		216	

注：$FA1$、$FA2$ 与 $FA3$ 分别代表小型养殖规模化、中型养殖规模化及大型养殖规模化，***、** 和 * 分别表示在 1%、5% 和 10% 的显著性水平上拒绝有单位根的原假设，括号内为稳健标准误。

7.6　本章小结

本章依据奶牛存栏量将养殖规模化区分为存栏量 100～199 头的小型养殖规模化、存栏量 200～499 头的中型养殖规模化与存栏量 500 头以上的大型养殖规模化，旨在深入研究不同的养殖规模化对原料奶价格波动的作用机理。结果表明：样本区间内，在控制影响原料奶波动相关变量的条件下，小型养殖规模化水平的提升能显著地降低原料奶价格波动，从而促进原料奶价格的稳定；中型养殖规模化在平抑原料奶价格波动方面所起的作用并不明显；大型养殖规模化水平的提高反而加剧了原料奶价格的波动。因此，我们认为从平抑原料奶价格波动、稳定市场的角度来看，应该重点支持中小型规模养殖场。根据中国的土地资源条件，相比于大型养殖规模化，小型养殖规模化可视为一种适度规模养殖，能够更好地实现与资源匹配的经济有效性。事实上，中国政府政策也开始向适度规模经营的养殖场倾斜，2019 年，农业农村部、财政部发布《关于支持做好新型农业经营主体培育的通知》明确指出："奶牛家庭牧场优先支持存栏量 50～500 头的中小规模牧场"。中小型规模养殖场在成本控制、环境保护等方面具有明显的优势，本章的研究从稳定市场价格的视角为重点支持适度规模中小养殖场的发展提供了又一佐证。

第8章 稳定原料奶价格的各地实践：
原料奶价格协商机制

8.1 引言

第 5 章与第 6 章的研究表明，中国原料奶价格波动受到了国内市场与国外市场的双重影响，在国内外因素的双重驱动下，近些年中国各省原料奶价格剧烈波动。同时，根据第 7 章的研究，中国奶牛养殖呈现规模化的特征。在此背景与现状下，为了缓解国内乳制品市场与国外大量奶粉进口对中国原料奶价格波动的冲击，保障原料奶的稳定供给及保护奶农的利益，探索更有利于稳定原料奶价格并保障优质优价的定价机制十分重要。

目前，中国原料奶价格的制定有两种方式。第一种方式是在大部分省份实行的，定价体系是由乳企根据企业标准、市场供需的情况来决定的。原料奶价格由基础价和考核价构成，基础价由乳企根据市场供需、成本、季节和牧场等级（或供奶规模）等因素确定；考核价根据乳成分、卫生指标等确定（中荷奶业发展中心，2017）。第二种方式是部分省份推出的原料奶价格协商机制，通过协商来产生原料奶交易参考价。第一种方式以乳企为主导，奶农长期处于弱势地位，只能被动接受乳企制定的价格，甚至存在"拒奶"的现象，可以说这种方式已经成为中国原料奶价格形成的主导方式，造成此现象的原因在于长期以来奶业产业链形成的"哑铃型"利益分配机制（张喜才和张利库，2010）。为了确立合理的价格形成机制，中国一些省份开始探索实行第二种方式即原料奶价格形成机制，在这种方式下奶农能够参与到原料奶定价体系中，旨在避免原料奶的大起大落，保护奶农的利益，成为国家今后重点发展的方向。2018年，《国务院办公厅关于推进奶业振兴保障乳品质量安全的意见》中明确指出："建立由县级及以上地方人民政府引导，乳品企业、奶农和行业协会参与的生鲜乳价格协商机制，乳品企业与奶农双方应签订长期稳定的购销合同，形成稳固的购销关系"。可见，为了密切养殖加工利益联结，稳定原料奶市场，中国政府积极推进原料奶价格协商机制。目前，上海、黑龙江、山东与河北四省（市）已经率先开展并建立了完善的原料奶价格协商机制，本章主要结合中国奶业协会组织代表省（市）编发的《生鲜乳价格协商机制经验做法专报》、各个地方政府政策文件、人员访谈、新闻访谈及文献资料，对以上四省（市）协商机制与原料奶交易参考价格进行梳理与总结，并对其成就与不足做出评价。

8.2 各地区的原料奶价格协商机制

8.2.1 上海市的原料奶价格协商机制

8.2.1.1 发展历程

近年来，上海市原料奶价格协商机制主要分为两个阶段。

第一阶段，政府指导价。2008 年开始，为了保护奶农的生产积极性与利益，上海市开始实行原料奶收购政府指导价，按照价格管理权限规定的基准价及其浮动幅度，指导经营者在上述规定的范围内制定价格。价格协商具体由市发改委、市农委、奶农代表、乳企代表和上海奶业行业协会共同参与，每年两次制定并公布收购基本价格。在实践中，原料奶收购政府指导价对稳定原料奶生产，保护奶农权益及促进规模化养殖起到了十分积极的作用。

第二阶段，市场调节价。随着原料奶市场竞争格局的形成，为适应市场的发展，从 2015 年开始，上海原料奶收购价格不再列入政府定价目录，原料奶收购的政府指导价正式取消，取而代之的是市场调节价。不同于政府指导价，原料奶定价不再以政府作为指导，而是由上海奶业行业协会搭建农商双方参与的奶价协商平台，农商双方委托上海奶业行业协会以文件形式公布半年度或全年的原料奶收购协商基本价，供乳企和奶农遵照执行（孙立彬，2016）。政府部门则退居幕后，通过转变职能起到监督并引导市场稳定发展的作用。

8.2.1.2 价格产生

上海市原料奶实际收购价的产生是在原料奶生产成本调查的基础上，通过协商确定基础价，同时执行优质优价与规模奖励。2017 年开始加入了季节差价与两病净化奖惩。因此，上海原料奶的实际收购价格可表示为如下的公式（2017 年度上海奶业发展报告[①]）：

原料奶实际结算价＝基础价＋按质论价（脂肪、蛋白、体细胞、微生物、

---

① 资料来源：2017 年度上海奶业发展报告（https：//www.dac.org.cn/read/newgndt - 18032611152614510024.jhtm）。

冰点）＋分级奖励＋季节差价＋两病净化奖惩

因此，成本调查与按质论价成为决定原料奶价格的两大主要因素，成为上海市原料奶协商机制需重点明确的内容。

（1）成本调查

成本调查是原料奶定价的基础，其数据直接影响各主体对奶价基础价的协商结果，通过协商确定的原料奶收购基础价也就是《中国奶业统计资料》中所认为的上海市原料奶交易参考价格。因此，有必要对上海市的成本调查方法做出简要介绍。成本调查由上海市奶业行业协会生鲜乳成本调查工作组对样本点的奶牛场进行调研、统计与测算。调查时间为一个年度，如 2018 年 5 月至 2019 年 4 月期间相关成本数据确定了 2019 年下半年原料奶的生产成本。据中国奶协发布的《生鲜乳价格协商机制经验做法之一：上海》[①] 可知，上海市原料奶生产成本的样本选择和调查内容总结如下。

第一，样本选择采取抽样调查法。为确保数据的代表性，抽样原则如下：①根据牧场总头数 300～500 头、500～1 000 头和 1 000 头以上划分规模，按 15％的比例确定样本点；②样本点牧场管理规范、数据统计记录完整；③兼顾牧场稳定性、代表性，政府明确退养计划、饲养方式特殊、牧场结构复杂的不作为样本点。

第二，调查内容为成母牛生鲜乳全成本调查。主要有：①奶牛场基本情况，包括成母牛平均饲养头数、生鲜乳出售总量、副产品产值、政府补贴；②饲料成本，包括精饲料和青粗饲料耗量、费用；③人工成本，包括用工数量、雇工费用；④其他费用，包括饲料加工费、水电煤费、医疗防疫费、死亡损失费、工具材料费和修理维护费、固定资产折旧费、管理费、财务费等。

上海市奶业行业协会生鲜乳成本调查工作组对成本调查样本点实施调研后，由"上海市生鲜乳成本调查专家小组"审核确认，并由上海市奶业行业协会进行公示与发布。

（2）按质论价

上海按质论价体系最早开始于 20 世纪 80 年代，实行的是单纯以脂肪论价方法，监测机构只属于牛奶公司（孙立彬，2016）。随着计价体系的发展与完善，已经形成了科学的、操作性强的且由第三方监测机构监测的指标体系，其具体的演化过程可分为六个阶段（2017 年度上海奶业发展报告）。

第一阶段（1996 年 6 月—2000 年 3 月）：以生鲜乳中的脂肪和蛋白作为计价依据。

---

① 　资料来源：https://mp.weixin.qq.com/s/wFinussN8rtXhOzEawRwtQ。

第二阶段（2000年3月—2002年12月）：增加了抗生素残留和细菌数计价与考核。

第三阶段（2002年12月—2004年5月）：增加了黄曲霉毒素M1≤0.5微克的指标。

第四阶段（2004年5月—2006年6月）：增加了牛奶冰点测试的合格范围和亚硝酸盐指标的考核。

第五阶段（2006年6月—2015年）：将体细胞纳入计价体系。

第六阶段（2016年至现在）：全面推行优质奶工程。

上海市按质论价体系有效推动了上海市原料奶各类指标的提升，引导了上海市原料奶的规模化发展与优质化生产，确保了本市的原料奶供给与质量安全。

8.2.1.3　经验与特点

（1）以市场调节为基础的价格协商机制

上海市政府不断探索适合当地发展的原料奶价格形成机制，通过对市场的研判，取消了以往政府主导的定价机制，而采用了根据成本与市场情况，由上海市奶业行业协会牵头的供需双方协商的价格决定机制。这一价格的形成充分尊重了市场机制，也保障了奶农的市场谈判权，有利于奶农权益的保障，并稳定原料奶生产与价格。

（2）完善的原料奶按质论价体系

乳制品发达国家普遍制定与采用按质论价体系，通过严格的经济学公式对原料奶的价格进行计算与操作，促进了奶农对先进养殖技术的运用。上海市参考发达国家模式，形成了完善的原料奶按质论价体系，有效地激励了奶农生产更加优质的原料奶，从而获得更大的经济利益。同时，在优质优价的政策下，引导养殖场走规模化养殖之路，并采用先进的养殖技术提高奶牛的单产与质量。

（3）完善的第三方检测机构

早期的检测机构属于牛奶公司，无法保证公平性。为了确保按质论价体系的公平与合理，上海市于2000年引进了原料奶按质论价第三方检测机构，由其对全市每个批次的原料奶进行抽样检测，检测结果直接决定原料奶收购价格。第三方检测能够有效保障过程的有序与公平，真正维护好双方的合法权益。

8.2.2　黑龙江省的原料奶价格协商机制

8.2.2.1　发展历程

作为中国原料奶主要的生产省份之一，黑龙江省政府十分重视奶业的发展，并较早地形成原料奶定价机制。黑龙江省原料奶价格形成机制与政府各个阶段的政策息息相关，并建立了以政府为主导、各方参与的原料奶定价机制。

黑龙江省原料奶价格协商机制确立主要经历了以下阶段的发展历程。

（1）提出原料奶购销参考价格

2004 年 12 月，黑龙江颁布了全国首部省级奶业管理条例《黑龙江省奶业条例》，提出："省奶业协会可以根据本省不同地区的生牛奶销售和收购的实际，按照维护购销双方共同利益的原则，不定期发布不同地区的生牛奶购销参考价格。参考价格可以作为企业、奶站与奶户签订购销合同时的参考"。同时提出："收购生牛奶的价格应当实行按质论价，优质优价"。这是黑龙江省首次提出实施原料奶参考价格，对规范奶业市场、保护买卖双方权益起到了一定的作用。

（2）建立原料奶价格协调机制

2007 年，黑龙江省政府发布了《黑龙江省人民政府关于推进奶业持续健康发展的意见》，提出："各有关地市、县（市、区）要尽快成立由政府、加工企业、奶业协会（合作经济组织）、养殖户代表四方组成的原料奶价格协调委员会，负责分析、研究、协调和确定本区域内原料奶交易参考价格及有关事宜"。建立原料奶价格协调机制，主要为了解决奶价偏低、奶农利益得不到保障的问题，并引导原料奶市场实际交易价格的合理形成。

（3）确定原料奶购销交易参考价和政府指导价相结合的定价机制

根据《黑龙江省奶业条例》，黑龙江省于 2007 年 12 月首次发布 2007 年 11 月至 2008 年 4 月产奶淡季原料奶交易参考均价为 2.8 元/kg，随后 2008 年 5 月与 10 月分别发布了 2008 年 5 月至 2008 年 11 月产奶旺季原料奶交易参考价格（2.7 元/kg）与 2008 年 10 月至 2009 年 4 月产奶淡季原料奶交易参考价格（2.86 元/kg）。随着三聚氰胺事件的发生，黑龙江省原料奶价格协调机制失效并暂停了原料奶参考价格的公布。为进一步规范原料奶价格秩序，防止原料奶价格大起大落，维护养殖业与加工业的合法权益，2010 年 7 月《黑龙江省人民政府办公厅转发省物价监管局等部门关于进一步完善生鲜乳购销价格管理意见的通知》正式确定了在黑龙江省实行生鲜乳购销交易参考价和政府指导价相结合的定价机制，对原料奶购销价格实施了严格的管理。

此外，2017 年黑龙江省奶业协会在全国首开先河，专门制定实施《黑龙江省奶业协会会员单位生鲜乳交易指导价格机制》，推行生鲜乳"分级计价、优质优价、同质同价"的科学计价体系，会员单位在从事原料奶交易时执行此指导价①。

---

① 资料来源：黑龙江省首推生鲜乳交易指导价格机制分级计价优质优价同质同价（http：//www.dahlj.com/News/QIndustryNewsInfo/31746）。

8.2.2.2　价格产生

黑龙江省原料奶价格的产生是由"交易参考价"与"政府指导价"构成的。针对交易参考价，黑龙江省政府成立省生鲜乳价格协调委员会，各县（包括县级市、区和农垦各分局）也同步成立了县生鲜乳价格协调委员会，建立了政府主导、部门和协会协调、利益相关方参与的原料奶交易参考价形成机制。根据黑龙江省《关于进一步完善生鲜乳购销价格管理的意见》①，由原料奶价格协商机制决定出的原料奶交易参考价格主要经过以下几个流程：

第一，各县生鲜乳价格协调委员在对原料奶包括饲料、人工、繁殖、折旧等成本调查测算的基础上，根据原料奶生产淡旺季和市场变化等情况，按照购销双方都能接受的原则，由相关各方协商确定域内原料奶交易参考价，并于每季度结束前10日上报省生鲜乳价格协调委员会审核。

第二，依据成本调查测算结果，同时在参考有关省（区、市）生鲜乳价格的基础上，省生鲜乳价格协调委员会统筹确定公布全省的原料奶中准交易参考价及其浮动幅度，连同审核通过的各县原料奶交易参考价一并于每季度结束前5日下达各县，并于下季度实施。

第三，未经省生鲜乳价格协调委员会审核的原料奶交易参考价，由本地生鲜乳价格协调委员会根据全省生鲜乳中准交易参考价及其浮动幅度，在10日内重新拟定价格，并上报省生鲜乳价格协调委员会审核，通过后再行发布。在未审核之前，暂按全省生鲜乳中准交易参考价执行。必要时，省生鲜乳价格协调委员会也可直接确定全省或某地的生鲜乳交易参考价。

黑龙江省原料奶价格以交易参考价格为基础，按照质价相符的原则，确定最终的交易价格。此外，在原料奶交易参考价失灵时，黑龙江省制定原料奶政府指导价，适时在部分原料奶购销价偏低的地区启动政府指导价，通过完善价格形成管理体系来保护养殖者的利益。

8.2.2.3　经验与特点

黑龙江省原料奶定价机制最显著的特点是建立起了以政府为主导的双轨制的定价体系。

首先，从原料奶交易参考价格来看，黑龙江省分别成立了以分管副秘书长为主任的省生鲜乳价格协调委员会与县长负总责的县生鲜乳价格协调委员会，县协调委员会协商产生的交易参考价格必须经由省协调委员会的同意。最终产生的原料奶交易参考价格由黑龙江省畜牧兽医局发布，并实行季度价格。

其次，为了更好保护奶农的利益，当原料奶交易参考价失效时即奶农遭受

---

① 意见来源：http://zwgk.hlj.gov.cn/zwgk/publicInfo/detail? id=194647。

到较大的损失时，政府部门通过直接制定并执行政府指导价来避免"奶贱伤农"的问题。

此外，畜牧兽医部门要配合工商部门指导监督购销双方切实履行《黑龙江省生鲜乳购销合同》，对违反合同规定内容及扰乱市场的行为进行严肃查处，真正保障原料奶市场的健康发展。

可以看出，在防止原料奶价格大起大落、稳定原料奶价格方面，黑龙江省政府充分发挥其主导作用，在多方的共同努力下建成了完善的原料奶定价体系。

8.2.3　山东省的原料奶价格协商机制

8.2.3.1　发展历程

2014 年，山东省原料奶价格经历了大起大落，从年初最高时的 4.49 元/kg 降到年末的 3.44 元/kg，下跌了 23.39%。2014 年底，"倒奶杀牛"现象在山东开始出现，面对"倒奶"风波，山东省开始通过价格杠杆手段防止原料奶价格大起大落，维护各方利益，在此基础上山东省的原料奶价格协商机制应运而生。

2015 年 1 月，山东省发布了《山东省畜牧兽医局、山东省物价局、山东省工商行政管理局关于建立生鲜乳价格协调机制的意见》，明确提出了成立生鲜乳价格协调委员会，采用科学合理的成本核算办法测算原料奶成本，在此基础上确定并公布原料奶交易参考价格。

2015 年 3 月，山东省畜牧兽医局、省物价局、省工商行政管理局联合发布《关于成立山东省生鲜乳价格协调委员会的公告》，成立了以省畜牧兽医局局长为主任共计 22 名成员的生鲜乳价格协调委员会，成员由畜牧、物价、工商等部门以及奶业协会、乳企、收购者、养殖者代表组成。协调委员会通过公告形式，原则上每季度发布一次原料奶交易参考价，当成本价格变化较大、遇有重大事件、奶价波动频繁时根据需要及时发布交易参考价。

8.2.3.2　价格产生

山东省原料奶交易参考价格是在成本核算的基础上得出的，生鲜乳价格协调委员会委托省畜牧协会奶业分会负责原料奶的成本调研与测算工作。根据中国奶协发布的《生鲜乳价格协商机制经验做法之四：山东省》[①]，成本调查内容、测算方法与原料奶交易参考价格的计算如下。

（1）成本调查内容

山东省成本调查的内容主要有：在山东省不同区域，选取规模与饲养方式具有差距性的 20 家养殖户作为样本，调研其饲料、人工、水电等价格，测算

---

①　资料来源：https://mp.weixin.qq.com/s/4vZ2GowqUDvHZB6-ubfE_w。

生产成本；依据 26 个县级市场采集的玉米、豆粕、小麦麸等价格对养殖户的调研数据进行校验；选择济南市历城、潍坊市临朐、泰安市新泰、德州市临邑、滨州市滨城区等六个县（市、区），每个县选择 3 个监测村，每个村选择大中小 3 个监测户，合计 90 个监测户，每月监测生产成本和效益变化情况；结合全省 500 余家奶站监测，加强对奶业生产成本、效益与饲料价格的监测。

（2）成本测算方法

为了精简计算方式并保证准确性，山东省成本测算采用了以饲料原料平均价格为基础的计算体系，具体公式如下：

$$P = (M1 \times 0.35 + M2 \times 0.20 + M3 \times 0.15)/(N1 \times N2 \times N3)$$

$$(8-1)$$

其中，$M1$、$M2$ 与 $M3$ 分别代表玉米、豆粕与麸皮的平均价格；$N1$ 代表精饲料成本价格系数，即主要饲料原料（玉米、豆粕、麸皮）对精饲料价格的影响权重系数，约 0.7～0.8；$N2$ 代表饲料成本价格系数，即精饲料成本对全混合日粮成本的影响权重系数；$N3$ 代表原料奶生产成本价格系数，即全混合日粮成本对原料奶成本的影响权重系数。

（3）原料奶交易参考价

原料奶交易参考价计算公式：

原料奶交易参考价＝原料奶生产成本＋7％的合理利润

原料奶最终成交价格应该以交易参考价为基础，依据质价相符原则，鼓励养殖者生产出更加优质的原料奶。

8.2.3.3 经验与特点

山东省原料奶价格协商机制是在原料奶面临困境且需顺应产业转变要求的背景下建立的。2014 年初到 2015 年初，山东省原料奶价格经历了暴涨暴跌，且 2014 年年底出现了"卖奶难"甚至"倒奶杀牛"的现象，为了解决这一问题，原料奶价格协商机制在社会的呼声中建立了。价格协商机制在广泛开展的成本调查的基础上，并综合考虑合理的利润空间，确立原料奶交易参考价格。同时，各级工商、物价、畜牧部门督促并监督双方签订生鲜乳购销合同，切实规范山东省原料奶市场，保障价格的平稳运行。

8.2.4 河北省的原料奶价格协商机制

8.2.4.1 发展历程

河北省最早于 2008 年由省物价局、省畜牧兽医局联合制订了《生鲜乳价格协调机制试行方案》，提出成立生鲜乳价格协调委员会，主要职责是根据生鲜乳成本价格，提出旺季（5 月至 10 月）、淡季（11 月至翌年 4 月）以及在影响生鲜乳主要要素发生大幅度价格波动时的生鲜乳交易参考价，同时对生鲜乳成本的测算进行了详细的说明。

2015 年 12 月，由河北省畜牧兽医局、奶农代表、乳企代表、奶业协会负责人与专家组成的河北省生鲜乳价格协调委员会正式成立，并通过投票表决确定了 2016 年第一季度原料奶交易参考价格。通过八次会议的举办，河北省生鲜乳价格协调委员会确定了从 2016 年第一季度到 2017 年第四季度的规模牧场与养殖小区的原料奶交易参考价，价格的产生都是经过协商委员会以投票产生的平均值确定的。

2017 年 12 月，河北省举行了生鲜乳价格协调会，会上公布了原料奶价格协调机制调整方案，确定了价格成本核算指导定价①。从 2018 年第一季度开始，河北省原料奶交易参考价格由之前的投票产生制改成了成本计算制，以河北省奶牛产业技术创新团队测算的生产成本为基础，确定原料奶交易参考价格或价格区间。

8.2.4.2　价格产生

由上一小节可知，原料奶生产成本是河北省原料奶交易参考价格的基础，故成本调查是价格产生的首要前提。根据中国奶业协会发布的《生鲜乳价格协商机制经验做法之三：河北省》②，河北省原料奶成本调查与价格产生的过程介绍如下：

（1）成本调查

第一，样本选择。由河北省包括平原区综合试验推广站、冀东综合试验推广站等 7 个奶牛综合试验推广站，在河北省 11 个市随机抽取本地大、中、小三个规模奶牛场；由 DHI 中心综合试验推广站在参测奶牛场中随机抽取大、中、小三个规模奶牛场，合计 24 家规模奶牛场。

第二，调查内容。发放《奶牛场动态信息监测表》，调查奶牛场与原料奶生产相关情况，主要包括饲料费、折旧费、人工费、医疗防疫费、管理费、燃料费等。

第三，成本测算

河北省奶牛产业技术创新团队对成本的测算主要有三种方法，设 n 代表奶牛场序号为：1、2、3……24；M 代表月份为：1、2、3 或 4、5、6 或 7、8、9 或 10、11、12 月份；b 代表当月奶牛场总存栏头数。

---

① 资料来源：河北省 2018 年第一季度生鲜乳交易参考价出台（http://info.hebei.gov.cn/eportal/ui? pageId=1989324&articleKey=6768517&columnId=330132）。

② 资料来源：https://mp.weixin.qq.com/s/UCo8eYRROAkGb-5nKA5Ehw。

方法 1：总成本的平均值法

当月 kg 奶成本 $X1nM=$ 总成本/当月生鲜乳产量

季度 kg 奶成本 $=\sum X1nM/3$

方法 2：单项成本的平均值法

当月 kg 奶成本 $X2nM=\sum$（单项成本/当月生鲜乳产量）

季度 kg 奶成本 $=\sum X2nM/3$

方法 3：加权平均法

当月 kg 奶成本 $X3nM=$ 奶牛场当月总成本/当月生鲜乳产量

季度 kg 奶成本 $\sum X3nM \times b / \sum b$

（2）原料奶交易参考价格

原料奶季度最低交易参考价格＝测算成本＋10％的养殖利润

原料奶季度交易参考价格＝最低交易参考价格＋8％的上涨空间

在实际操作中，原料奶交易参考价格中的利润与上涨部分比例根据协商内容可能会发生变化，但根本原则是维护购销双方共同的利益，同时鼓励优质优价。

8.2.4.3 经验与特点

（1）2015 年 12 月，河北省生鲜乳价格协调委员通过投票表决首次确定了 2016 年第一季度原料奶交易参考价格，当时奶牛养殖小区是河北省主要的奶牛养殖模式，且此模式是规模化养殖的过渡阶段（周晓辉等，2015），由投票表决产生了规模牧场与小区两类主体的原料奶交易参考价格，且规模牧场的交易参考价格高于小区的价格，一直持续到 2017 年第四季度。

（2）从 2018 年第一季度开始，河北省原料奶价格协商机制产生的原料奶交易参考价格由票决制调整为成本计算制，这一调整是根据市场运行方式，在坚持公平、公正与公开的原则下正确的选择。虽然方向是正确的，但经成本计算制核算出的结果产生了极大的争议与质疑[①]，争论的焦点主要体现在成本调查的样本与核算科目，计算方法也与奶农的实际存在一定的差距。因此，河北省顺应产业发展规律及时对原料奶参考价的形成进行了改变，反映出政府政策的适应性调整及对原料奶价格市场的有效把控。未来，需要针对争议对成本核算进行科学的调整与完善，真正发挥价格协商机制在稳定市场价格与维护购销双方合法权益的作用。

---

① 资料来源：河北原料奶价格协商痛点？（http://www.dairyfarmer.com.cn/nnyw_xjxm/2018-01-02/221171.chtml）。

8.3　各地区原料奶价格协商机制的比较与评价

8.3.1　比较分析

通过以上分析，我们将四省（直辖市）实行原料奶价格协商机制的价格演化、价格产生和经验特点对比总结如下（表 8.1）。

表 8.1　四省（市）原料奶价格协商机制

地区	价格演化	价格产生	经验特点
上海市	政府指导价→市场调节价	半年度；以成本确定的基础价＋按质论价＋分级奖励＋季节差价＋两病净化奖惩	市场调节价；完善的按质论价体系与第三方检测机构
黑龙江省	原料奶购销参考价格→原料奶价格协调机制→原料奶购销交易参考价和政府指导价相结合	季度；以成本确定的交易参考价为基础，质价相符	以政府为主导的双轨制的定价体系
山东省	生鲜乳价格协调委员会直接确定参考价	季度；以成本确定的交易参考价为基础，质价相符	顺应产业转变要求的背景下建立的原料奶价格协商机制
河北省	生鲜乳价格协调委员会直接确定参考价	季度；以成本确定的交易参考价为基础，优质优价	投票表决制下确定了规模牧场与小区两类主体的价格；票决制调整为成本计算制

四个省（市）的原料奶价格协商机制都是为了防止原料奶价格大起大落，在保护各方尤其是奶农利益的前提下成立的。此外，无论是上海市的基础价还是黑龙江省、山东省及河北省交易参考价，均在成本调查的基础上，以成本核算作为确定参考价的依据，从而更好地保障奶农的利益。

由于各省（市）奶牛养殖基础、市场需求等方面的不同，在原料奶价格协商机制上也存在着一定的差异性，主要表现在：第一，上海市的原料奶价格退出了由政府主导的定价机制，而采用市场调节价，政府更多发挥其幕后的引导作用；而黑龙江省、山东省及河北省则采用由政府主导并参与的价格协商机制。第二，在发布周期上，上海市采用半年度发布的形式，而黑龙江省、山东省及河北省的发布周期为季度。第三，在原料奶价格的形成上，上海市对交易价格的构成部分规定更为详细与明确，在基础价与按质论价的基础上加入了分级奖励、季节差价与两病净化奖惩一系列指标。第四，黑龙江省在全国率先实施了交易参考价与政府指导价结合的双轨制价格体系，在交易参考价失效、奶农遭受较大损失时启用政府指导价。

从上述对比来看，相比于黑龙江、山东和河北三省，上海市的原料奶价格协商机制表现出更为明显的差异性，市场化程度更高。究其原因，上海市基本上都实现了规模化养殖，各个主体都具有一定的市场势力是上海能够实现以市场为主导政策的一个重要因素。根据第 7 章的研究数据，2009 年到 2017 年，上海市 100 头以上的养殖场占比基本上都达到了 98％以上，而黑龙江省、山东省和河北省的占比历年来均小于 10％，尤其是黑龙江省最高年份的占比仅为 1.72％，大部分年份都低于 1％。因此，上海奶农作为市场主体由于其规模化养殖而具有一定的市场势力，在价格谈判中具有相应的话语权，市场竞争格局基本已经形成，能够脱离政府主导而实行双方协商的市场价，更好地反映市场的需求变化，同时其交易价格的构成体系也更为完善。相比之下，黑龙江、山东与河北三省内小规模养殖或者散户数量较多，在市场中处于弱势地位，若完全依靠市场调节，可能会出现市场失灵的状态，因此需要政府加以引导与支持，实行政府主导的原料奶价格协商机制具有必然性。尤其是黑龙江省，小规模养殖户众多，在交易参考价失灵即奶农承受较大损失时，及时启动政府指导价的管理方式，通过双轨制价格的推进，促进了原料奶购销市场的稳定运行。因此，各省（市）根据各自的产业情况探索出了适合当地市场的原料奶价格协商机制，未来的推进也需要随市场变化而进行相应的调整。

从中国这四个省（市）的原料奶价格机制来看，直接通过协商确定的基础价或交易参考价目的是为了稳定原料奶价格，更好地保护购销双方尤其是奶农的利益。同时各地区优质优价的政策也间接支持并促进了当地的奶牛养殖规模化。

8.3.2 成就与不足

原料奶的易腐性使得奶农更易处于弱势地位，世界上乳业发达国家普遍采取类似价格协商的方式，保障市场的健康可持续发展。探索原料奶价格协商机制，实行原料奶交易参考价是中国一些省份为避免原料奶的大起大落、维护购销双方尤其是奶农的合法权益并保障原料奶生产的探索性实践。而在实践中，原料奶价格协商机制在稳定原料奶市场、促进公平交易、维护奶农利益方面取得了一定的积极作用，也成为政府引导价格形成、奶农与乳企沟通的重要平台。目前，除了上海市、黑龙江省、山东省及河北省建起了原料奶价格协商机制外，陕西省也在 2019 年首次发布原料奶交易参考价。未来，随着原料奶价格协商机制的不断完善，会有更多省份参考其经验建立原料奶交易参考价。

尽管原料奶价格协商机制在规范市场方面发挥了积极的作用，但仍然存在一些不足。首先，原料奶交易参考价仅仅是一个参考的价格，是规范市场价格的初级手段，其价格的执行需要很强的约束力，一方面需要有约束力的合同的支撑，另一方面也需要政府对不履行合同等违约行为严肃查处的支持。而交易价格无法完全解决价格的不稳定或者奶农受损问题，在实践中存在着交易价格作为解决纠纷的依据，或者更多是道德层面的制约①。其次，尽管各省都提出采用质价相符的定价原则，鼓励优质优价，但双方在质量问题方面易产生争论，这就需要完善的第三方检验机构的科学判断。但是在现实操作中，存在着协调性不足、监督约束力弱等问题。再次，原料奶买卖双方中仍以乳企为主导，奶农和乳企尚未形成紧密的利益联结一体化机制，因此需要政策进一步保障。最后，除了实现原料奶价格协商机制来保障原料奶价格稳定外，中国可参考美国等乳制品发达国家实行原料奶价格指数保险，结合保险手段更加有效地防范价格波动对奶农利益的损害，进一步保障原料奶市场的稳定。

8.4　本章小结

本章对上海市、黑龙江省、山东省与河北省的原料奶价格协商机制进行了梳理与总结，并从发展历程、价格产生、经验与特点三个方面开展论述。分别来看，上海市原料奶价格协商机制经历了从政府指导价转向市场调节价，原料奶实际收购价的产生是在原料奶生产成本调查的基础上，通过协商确定基础价，同时执行优质优价，且建立了完善的第三方检验机构；黑龙江省确定了原料奶购销交易参考价和政府指导价相结合的定价机制，并且建立了政府主导、部门和协会协调、利益相关方参与的原料奶交易参考价形成机制；山东省原料奶价格协商机制在广泛开展的成本调查的基础上，并综合考虑合理的利润空间，确立原料奶交易参考价；河北省原料奶价格协商机制产生的原料奶价格经历了从票决制转为成本计算制，以河北省奶牛产业技术创新团队测算的生产成本为基础，确定原料奶交易参考价或价格区间。此外，本章对四省（市）原料奶价格协商机制进行了比较分析，并评价了机制的成就与不足。因此，各省（市）建立的原料奶价格协商机制有利于稳定各区域的原料奶市场供给，是对维护奶农利益、平抑原料奶价格波动的探索与实践，但在运行中仍存在一些

---

① 观点的资料来源：河北发布 2018 第一季度生鲜乳参考价 3.59 元/kg（http：//www. dairy-farmer. com. cn/nnyw＿xjxm/2017－12－25/220166. chtml）。

问题。在未来需要政府的进一步重视，并在合理、精确的成本调查基础上，签订具有强约束力的合同，对不履行合同条款义务、依靠市场势力压价收奶等行为及时处置，同时采用媒体曝光等舆论手段，提高乳企违规成本，真正保障奶农与乳企双方的合法权益，维护市场的健康稳定发展。

第9章　主要结论与政策建议

本书对中国原料奶价格波动进行了系统的研究，主要考察了原料奶价格波动特征、传导以及平抑效应的内在机理，并进行了实证研究。本研究第 1 章导论、第 2 章文献回顾与研究框架是全书的基础，并为后续研究提供了理论依据与研究框架；第 3 章介绍了中国原料奶产业的发展概况并对原料奶价格波动的主要影响因素作了分析；在第 3 章的基础上，第 4 章实证分析了中国原料奶价格波动的规律与特征；第 5 章与第 6 章分别从产业链和国外市场的角度探讨了中国原料奶价格波动的垂直传导与空间传导；第 7 章从养殖规模化的角度探寻了平抑原料奶价格波动的规模选择；第 8 章对各省在稳定原料奶价格波动的协商机制进行了总结与分析。

9.1　主要结论

全书对中国原料奶价格波动的议题进行了系统研究，厘清原料奶价格波动的内在机理并实证检验，主要从波动特征、波动传导、平抑波动三个维度具体进行了探讨，结论总结如下。

针对中国原料奶价格波动的特征，本书将波动特征分为了显性特征与隐性特征。对于中国原料奶价格波动的显性特征即规律，通过 Census X13 季节调整、H－P 滤波法对中国原料奶价格的波动进行分解，发现：（1）中国原料奶价格季节波动性特征明显；（2）不规则性因素主要是在 2007 年底与 2008 年、2014 年与 2015 年初出现了两次剧烈的波动；（3）从 2007 年以来，中国原料奶价格的趋势性要素整体上呈上升态势，并于 2014 年年中达到最高值，随后开始缓慢下降并逐渐趋向稳定；（4）样本期间中国原料奶价格的周期性要素可分为四个完整的周期，周期长度分别为 31 个月、43 个月、26 个月及 35 个月。

此外，对于中国原料奶价格波动的隐性特征，本书在加入影响原料奶价格收益率各因素的控制变量的基础上，使用 GARCH 类模型对中国原料奶价格波动的隐性特征进行了实证分析，研究发现：（1）中国原料奶价格波动具有显著的集簇性；（2）中国原料奶价格波动具有成本（玉米）推进型特征，而牛肉的价格收益率的提高则能显著地降低中国原料奶价格波动；（3）原料奶价格波动不具有高风险高收益特征；（4）在控制影响原料奶价格收益率波动相关变量后，中国原料奶价格波动没有显著的非对称性。

关于原料奶价格波动的传导问题，即影响中国原料奶价格波动的国内外因素是什么并如何发挥作用的，本书进行了探究。一方面，从国内产业链垂直传导来看，本书在机理分析的基础上利用 VAR 模型考察了中国奶业产业链原料奶价格波动与牛奶价格波动的传导关系，发现中国下游牛奶价格波动是上游原料奶价格波动的原因，但上游原料奶价格波动却不是下游牛奶价格波动的原因。可以说，中国奶业产业链农场到零售价格波动垂直传导存在着方向的非对称性，同时，利用门限 VAR 模型对非线性进行了检验，结果表明样本区间内变量关系并未发生显著的非线性变动。此外，通过理论分析认为导致价格波动非对称性传导的原因可以从商品的属性及需求弹性两个途径去解释，而作用途径都是基于中国奶业产业链中不对等的市场地位，在以乳企为主导的发展模式下导致了不平等的利益分配格局，这种格局下消费市场风险主要由养殖户承担，而乳企依靠其垄断势力将原料奶市场的价格风险消化，虽然乳制品价格较为稳定，但消费者购买支付了较高的价格，其福利受到了一定的损失。

另一方面，从国外市场空间传导来看，本书利用 BEKK - GARCH 模型，对开放背景下国际奶粉市场对中国原料奶市场波动溢出效应进行了研究。为更加清晰研究不同的奶粉品种是否对中国原料奶价格波动存在着差异性，本书将奶粉划分为全脂奶粉与脱脂奶粉，并使用 GDT 奶粉价格代表国际奶粉价格，分别探究了 GDT 全脂奶粉与 GDT 脱脂奶粉对中国原料奶价格波动的空间传导。研究发现：（1）GDT 全脂奶粉市场与中国原料奶市场存在双向波动溢出效应，具体来说，GDT 全脂奶粉对中国原料奶存在 ARCH 型的价格波动溢出效应，且中国原料奶对 GDT 全脂奶粉存在着 GARCH 型的波动溢出效应；（2）GDT 脱脂奶粉市场与中国原料奶市场间存在单向波动溢出效应，即 GDT 脱脂奶粉对中国原料奶市场存在着 GARCH 型的波动溢出效应，但中国原料奶市场不存在对 GDT 脱脂奶粉市场的波动溢出效应。

关于平抑原料奶价格波动问题，本书认为随着养殖规模化的推进，其对原料奶价格波动可能会产生一定的影响。在理论分析的基础上，本书研究了不同的养殖规模化对中国原料奶价格波动的作用方向与效果，结果发现：（1）在样本区间内，控制影响原料奶波动相关变量的条件下，存栏量 100～199 头的小型养殖规模化水平的提升能显著地降低原料奶价格波动，从而促进原料奶价格的稳定；（2）存栏量 200～499 头中型养殖规模化在平抑原料奶价格波动方面所起的作用并不明显；（3）存栏量 500 头以上大型养殖规模化水平的提高反而加剧了原料奶价格的波动。因此，我们认为从平抑原料奶价格波动、稳定市场的角度来看，未来应该重点支持中小型规模养殖场。此外，对各控制变量的实证结果表明：（1）中国原料奶价格波动具有成本推动型特点；（2）进口奶粉价格波动通过传导对国内原料奶价格波动具有正向影响；（3）三聚氰胺事件加剧了中国各省原料奶价格的波动。

此外，原料奶价格协商机制是稳定原料奶价格的实践探索，本书对上海市、黑龙江省、山东省与河北省的原料奶价格协商机制进行了梳理与总结，并从发展历程、价格产生、经验与特点三个方面开展论述。从整体上来看，四个省（直辖市）都建立了完善的原料奶价格协商机制，尽管在实践中的发展演化、运行机制等方面存在着差异，但建立的原料奶价格协商机制一定程度上有利于稳定各区域的原料奶市场供给，是对维护奶农利益、平抑原料奶价格波动的有益探索与实践。针对运行中存在一些的问题，在未来仍需政策的跟进以保障机制的强有力执行。

9.2　政策建议

近些年来，随着中国原料奶价格波动的加剧，奶农作为养殖主体承受了巨大的损失与市场风险，上游养殖的不稳定性必将对下游乳制品造成不利的影响。未来更好地保护奶农的利益、促进中国原料奶的健康稳定发展，本书结合上述研究对稳定原料奶价格提出以下政策建议。

（1）加强原料奶及相关市场的监测，强化信息预警机制

本研究表明中国原料奶价格波动具有显著的集簇性，因此加强原料奶的市场监测十分急迫与必要。随着奶牛养殖规模化程度的提升及信息的应用，原料奶生产对信息资源的获取需求也愈加强烈，在市场中存在着明显的信息不对称，通过市场监控及时发布原料奶价格信息，能够有效解决信息不对称的问题，合理引导奶农的生产。同时，原料奶的价格波动具有成本推动型等特点，相关产业如玉米、豆粕、牛肉等市场的波动都会对原料奶价格波动造成影响，因此，国家除了加强对原料奶市场的监测外，农产品的信息监测要形成系统性的框架，各部门相互配合建立起及时、全面、高效与准确的市场监测体系与平台，为市场主体进行科学的预测提供信息依据，同时打破区域信息孤岛现象，实现不同区域的信息共享，引导市场主体形成合理的市场预期。

此外，在市场监测的基础上，国家应依靠科学的方法与专家团队，建立起原料奶价格的信息预测与预警机制。中国原料奶价格波动具有明显的周期性特征，因此要通过分析并确定影响原料奶价格波动的指标体系，建立有效的专家评估与预警系统，科学预测原料奶市场可能出现的重要形势的变化，并做好应对措施。及时的信息发布与预警能够有效地指导养殖户从事原料奶生产活动，有利于原料奶价格和生产的稳定。

（2）创新多元路径，完善奶业产业链利益联结机制

本书的研究表明不完善的产业链利益联结机制导致中国奶业的市场风险主要由养殖者承担。在中国，"奶贱伤农"但利好乳制品加工企业的现象常常发生，同时乳企的拒收、压价行为也是原料奶价格波动的重要原因之一，其主要在于奶农和乳企并未形成"收益分享、风险共担"的利益联结机制。不同于许多乳制品发达国家通过奶农入股加工厂而形成紧密的利益联结机制，中国的奶农与乳企缺乏利益联结一体化机制，甚至频频陷入"对立"的境地。为此，建立完善与紧密的利益联结机制有以下几个主要的路径。

第一，鼓励并支持区域奶农合作组织的发展，提高区域内奶农的组织化程度与议价能力，通过合理协商确定原料奶合理的价格区间。同时，政府督促并鼓励奶农与乳企签订长期稳定的购销合同，对不履行合同的违约行为加大处罚力度。

第二，鼓励有条件的奶农办加工厂。2018 年《国务院办公厅关于推进奶业振兴保障乳品质量安全的意见》提出了"支持有条件的养殖场（户）建设加工厂"，通过鼓励与支持奶农生产加工巴氏杀菌奶、奶酪等"新鲜"乳制品，探索养殖业向加工业拓展的奶农办加工企业新模式，解决利益联结机制不完善的问题，实现原料奶供应的稳定。奶农办加工企业的新模式作为一种创新性的尝试，需要社会各方的大力支持。在资金方面，鼓励银行对奶农进行信贷支持，各地方政府通过政策研究为奶农提供多元化的资金解决渠道。在政策方面，国家应积极推动修订乳制品加工行业准入政策，2008 年发改委发布的《乳制品加工行业准入条件》中规定，新上加工项目（企业）需要加工规模为日处理原料乳能力（两班）200t 以上，此条件成为奶农办加工企业新模式的制约因素。因此，国家需要积极推动乳制品加工行业准入政策的修改，为奶农办加工企业提供政策支持。此外，政府要加大宣传，鼓励新鲜的本地奶在本地消化，培育巴氏奶消费习惯。

第三，鼓励大型乳企通过土地流转自建牧场、收购养殖场等途径提高自有奶源比例，实现奶农与加工企业的利益共享。同时支持奶农通过奶牛托管、参股入股等方式，与加工企业真正形成紧密的利益联结机制，从而保障原料奶供给与价格的稳定。

（3）立足国内市场，充分利用市场进行调剂余缺

国际乳制品尤其是大包奶粉对中国原料奶产业会造成巨大的冲击，从前面的研究可知，国际奶粉价格波动对中国原料奶价格波动存在着溢出效应，在实践中，国际大包粉对中国原料奶产业的破坏也已经有深刻的历史教训。因此，我们需要立足国内市场，充分利用国外市场调剂余缺，而不能完全依靠进口。具体的措施可包括以下几个方面。

第一，作为乳制品进口大国，在建立原料奶价格的信息预警系统时，要立足于全球视野，紧密跟踪影响国内原料奶价格的关键国际指标如 GDT 奶粉价格等，当国际市场发生剧烈波动时，积极做预案。

第二，加强奶粉进口贸易管理与监测。首先要加强进口奶粉的质量检测，对不符合中国检测标准的奶粉限制其进口并及时将信息向公众发布；针对进口奶粉可研究推行技术准入，灵活利用贸易政策抑制过度进口，使得进口奶粉真正成为中国原料奶市场供给不足时的调剂手段，而非产业的破坏者，从而维护国内原料奶市场的稳定发展。

第三，严格落实复原乳标识制度。鼓励乳制品企业使用原料奶生产包括灭菌乳、发酵乳、调制乳和婴幼儿配方乳粉等乳制品，对使用奶粉复原的乳制品要进行复原乳标识，同时加强对消费者进行乳制品选购知识的宣传，维护消费者权益。由于大包奶粉不允许还原为低温巴氏奶，未来将低温奶作为主要的发展方向，从消费端降低国际奶粉市场对中国原料奶市场波动的影响。

（4）鼓励适度规模养殖，发展奶牛家庭牧场

本书的研究表明，存栏量 $100\sim199$ 头的小型规模养殖场有利于平抑中国原料奶价格波动。因此，各地方政府应积极创新政策补贴模式，重点支持适度规模化养殖场的发展，改变"规模越大越好"为导向的政策补贴支持体系。同时，积极推进适度规模养殖场开展"种养结合"的生态模式，既可以降低养殖成本、提升养殖收益、减少奶牛养殖的风险，又可以不破坏生态环境，维护生态环境的平衡。此外，家庭牧场作为适度规模经营的一种有效方式，政府要加大对奶牛家庭牧场的支持力度，着重解决家庭牧场的融资问题，通过家庭牧场的发展可以实现中国奶牛养殖的适度规模化经营，从生产端形成稳定的原料奶供应体系。

（5）多举措完善原料奶价格形成机制

在尚未建成奶农办加工场、奶农参股入股等紧密的利益联结机制之前，存在着大量的弱势奶农。因此，需要多举措完善原料奶价格形成机制，各地方政府尤其是内蒙古、新疆等原料奶主产省（自治区）应在借鉴国外及黑龙江、山东等省原料奶价格协调机制的基础上，由地方政府积极牵头，探索适合当地的原料奶价格形成机制，通过成立原料奶价格协调委员会来构建各地区的原料奶价格协商机制。具体保障措施主要有以下几方面：首先，组织部门牵头制定原料奶生产成本核算体系，通过全面、细化的调查，为交易参考价的确定奠定基础；其次，政府积极推动第三方机构对原料奶质量进行检验检测，构建公平的交易体系；最后，为维护原料奶交易市场秩序，对不执行交易参考价、操纵市场交易等违法、违规行为进行严厉打击。

此外，政府应鼓励并支持各地建立并创新原料奶价格波动风险管理手段，如与保险公司合作探索开发原料奶目标价格保险等方式降低奶牛养殖中面临的市场风险，从而进一步完善原料奶价格形成机制并稳定养殖收益预期。

参考文献

曹先磊，张颖，2017. 我国生猪饲料市场价格波动特征分析：基于产业链视角 [J]. 华中农业大学学报（社会科学版）(1)：55-63.

曹志军，李胜利，2008. 2007 年中国原料奶价格分析 [J]. 中国畜牧杂志 (2)：41-46.

柴升，2016. 基于奶农利益的原料乳价格影响因素研究 [J]. 中国乳业 (10)：16-18.

常伟，2009. 实证研究方法及其在"三农"研究中的应用 [J]. 中国农业教育 (1)：1-5.

陈强，2014. 高级计量经济学及 Stata 应用（第二版）[M]. 北京：高等教育出版社.

陈强，2015. 计量经济学及 Stata 应用 [M]. 北京：高等教育出版社.

陈晓暾，胡雨，何卓，等，2015. 我国生鲜乳价格波动规律探究 [J]. 价格理论与实践 (12)：118-120.

陈新，2010. 产业链彼此利益联结的纽带：国外奶业一体化考察实例介绍 [J]. 中国乳业 (10)：18-20.

陈子豪，胡浩，2017. 易腐农产品的价格波动分析：以油桃为例 [J]. 农业技术经济 (8)：103-109.

程国强，徐雪高，2009. 改革开放以来我国农产品价格波动的回顾 [J]. 重庆工学院学报（社会科学版），23 (4)：1-3.

丁存振，肖海峰，2019. 贸易开放背景下国内外羊毛市场溢出效应与动态关联的研究 [J]. 国际商务（对外经济贸易大学学报）(3)：1-14.

丁守海，2009. 国际粮价波动对我国粮价的影响分析 [J]. 经济科学 (2)：60-71.

董晓霞，胡冰川，于海鹏，2014. 我国鸡蛋市场价格非对称性传导效应研究：基于非对称误差修正模型 [J]. 农业技术经济 (9)：52-60.

董晓霞，李哲敏，许世卫，等，2013. 我国玉米、豆粕与奶价的传导机制研究：基于链合模型 [J]. 系统科学与数学，33 (1)：55-66.

董晓霞，许世卫，李哲敏，等，2010. 我国奶业产业链价格波动传导机制分析 [J]. 价格理论与实践 (10)：48-49.

樊斌，田春兰，钱巍，2012. 原料乳交易中奶农利益受损分析 [J]. 东北农业大学学报（社会科学版），10 (4)：29-31.

方晨靓，顾国达，2012. 农产品价格波动国际传导机制研究：一个非对称性视角的文献综述 [J]. 华中农业大学学报（社会科学版）(6)：6-14.

傅强，孙菲，2015. 基于 TVAR 模型的人民币汇率的价格传递效应 [J]. 经济数学，32

（1）：37－41.

傅晓，牛宝俊，2009. 国际农产品价格波动的特点、规律与趋势 [J]. 中国农村经济（5）：87－96.

高帆，龚芳，2012. 国际粮食价格是如何影响中国粮食价格的 [J]. 财贸经济（11）：119－126.

高鸿宾，2018. 十年生聚 十年教训 凤凰涅槃 浴火重生：中国奶业高质量发展十年颂主旨报告 [J]. 中国奶牛（15）：26－29.

高群，柯杨敏，2016. 国内外食糖市场空间联动与溢出效应研究：基于能源化视角 [J]. 国际贸易问题（2）：88－99.

高群，宋长鸣，2016. 国内畜禽价格溢出效应的对比分析：全产业链视角 [J]. 中国农村经济（4）：31－43.

高铁梅，2009. 计量经济分析方法与建模：EViews 应用及实例（第三版）[M]. 北京：清华大学出版社.

顾国达，方晨靓，2010. 中国农产品价格波动特征分析：基于国际市场因素影响下的局面转移模型 [J]. 中国农村经济（6）：67－76.

郭刚奇，2017. 基于 ARCH 模型的猪肉价格波动短期特征分析 [J]. 经济问题（11）：95－100.

郭利京，刘俊杰，韩刚，2014. 养殖主体行为与生猪价格形成机制 [J]. 统计与信息论坛，29（8）：79－84.

郭娉婷，许迟，马曦，2017. 基于养殖规模变化解析我国近十年的生猪价格波动 [J]. 中国畜牧杂志，53（12）：135－138.

郭玉晶，宋林，王锋，2015. 国际原油期货与农产品期货市场的波动溢出效应：基于离散小波和 BEKK 模型的研究 [J]. 国际商务（对外经济贸易大学学报）（6）：86－96.

韩磊，刘长全，2019. 中国奶业经济发展趋势、挑战与政策建议 [J]. 中国畜牧杂志，55（1）：151－156.

韩啸，齐皓天，王兴华，2017. 中国粮食价格波动溢出性和动态相关性研究 [J]. 统计与决策（20）：129－132.

何亮，李小军，2009. 奶业产业链中企业与奶农合作的博弈分析 [J]. 农业技术经济（2）：101－104.

何玉成，2003. 中国乳品产业发展研究 [D]. 武汉：华中农业大学.

何忠伟，韩啸，余洁，等，2015. 基于极值理论生鲜乳市场风险评估研究 [J]. 管理世界（9）：180－181.

胡冰川，董晓霞，2016. 乳品进口冲击与中国乳业安全的策略选择——兼论国内农业安全网的贸易条件 [J]. 农业经济问题（1）：84－94，112.

胡定寰，F. Fuller，T. Reardon，2004. 超市的迅速发展对中国奶业的影响 [J]. 中国农村经济（7）：11－17，22.

胡定寰，俞海峰，T. Reardon，2003. 中国超市生鲜农副产品经营与消费者购买行为 [J]. 中国农村经济（8）：12－17.

胡华平，李崇光，2010. 农产品垂直价格传递与纵向市场联结 [J]. 农业经济问题，31

（1）：10 - 17，110.

黄漓江，桑百川，郭桂霞，2017. 贸易开放、贸易市场多样化与经济波动：基于中国省级面板数据的实证分析 [J]. 国际贸易问题（8）：3 - 15.

康海琪，韩啸，刘芳，等，2016. 中国奶价波动分析：基于 GARCH 类模型 [J]. 中国畜牧杂志，52（10）：9 - 13.

李翠霞，栾颖，2017. 关于我国原料奶价格波动研究：基于马尔科夫区制转移模型的分析 [J]. 价格理论与实践（5）：81 - 84.

李光泗，曹宝明，马学琳，2015. 中国粮食市场开放与国际粮食价格波动：基于粮食价格波动溢出效应的分析 [J]. 中国农村经济（8）：44 - 52，66.

李光泗，王莉，谢菁菁，等，2018. 进口快速增长背景下国内外粮食价格波动传递效应实证研究 [J]. 农业经济问题（2）：94 - 103.

李明，杨军，徐志刚，2012. 生猪饲养模式对猪肉市场价格波动的影响研究：对中国、美国和日本的比较研究 [J]. 农业经济问题（12）：73 - 78，112.

李秋萍，李长健，肖小勇，2014. 产业链视角下农产品价格溢出效应研究：基于三元 VAR - BEKK - GARCH（1，1）模型 [J]. 财贸经济（10）：125 - 136.

李胜利，周鑫宇，曹志军，2010. 我国原料奶及乳制品市场价格波动分析 [J]. 中国畜牧杂志，46（4）：37 - 42.

李欣，温万，邵怀峰，等，2017. 应用经济学模型对宁夏地区奶业现状的分析 [J]. 中国奶牛（4）：57 - 63.

李子奈，齐良书，2010. 关于计量经济学模型方法的思考 [J]. 中国社会科学（2）：69 - 83，221 - 222.

林光华，陈铁，2011. 国际大米价格波动的实证分析：基于 ARCH 类模型 [J]. 中国农村经济（2）：83 - 92.

林学贵，2016. 棉花价格波动溢出效应 [J]. 中国管理科学，24（11）：504 - 508.

刘金全，崔畅，2002. 中国沪深股市收益率和波动性的实证分析 [J]. 经济学（季刊），1（4）：885 - 898.

刘亚钊，刘芳，蒋年华，2018. 我国生鲜乳市场价格传导机制研究 [J]. 中国畜牧杂志，54（11）：140 - 146.

刘亚钊，刘芳，2017. 我国生鲜乳价格波动规律研究：基于 B - N 数据分解的分析 [J]. 中国畜牧杂志，53（4）：131 - 135.

刘瑶，2017. 我国农产品价格波动机制研究：基于 SVAR 模型 [J]. 山东社会科学（4）：146 - 151.

刘玉满，李静，2011. 进口奶粉对我国奶业的影响：黑龙江完达山乳业调研报告 [J]. 中国畜牧杂志，47（8）：3 - 6.

刘长全，韩磊，张元红，2018. 中国奶业竞争力国际比较及发展思路 [J]. 中国农村经济（7）：130 - 144.

刘长全，杨洋，2017. 中国奶业产业政策的发展及成效 [J]. 中国奶牛（10）：58 - 64.

陆天宇，2019. 进口激增背景下国内外奶价溢出效应研究 [D]. 呼和浩特：内蒙古大学.

罗锋，牛宝俊，2009. 国际农产品价格波动对国内农产品价格的传递效应：基于 VAR 模型的实证研究 [J]. 国际贸易问题 (6)：16-22.

罗万纯，刘锐，2010. 中国粮食价格波动分析：基于 ARCH 类模型 [J]. 中国农村经济 (4)：30-37，47.

吕捷，林宇洁，2013. 国际玉米价格波动特性及其对中国粮食安全影响 [J]. 管理世界 (5)：76-87.

马彦丽，何苏娇，高艳，2018. 以乳品加工企业还是以奶农为核心：中国奶产业链纵向一体化政策反思及改进思路 [J]. 南京农业大学学报（社会科学版），18 (6)：146-156，162.

马彦丽，孙永珍，2017. 中国奶产业链重构与纵向关联市场价格传递：奶农利益改善了吗 [J]. 农业技术经济 (8)：94-102.

毛学峰，杜锐，王济民，2018. 中国四大肉类产品之间是否存在价格联系 [J]. 农业技术经济 (10)：97-108.

潘方卉，李翠霞，2015. 生猪产销价格传导机制：门限效应与市场势力 [J]. 中国农村经济 (5)：19-35.

钱贵霞，潘月红，2015. 近期倒奶事件及其原因分析 [J]. 农业展望，11 (2)：22-27，33.

石自忠，王明利，2018. 我国牛肉与牛奶价格非线性传导特征分析 [J]. 价格理论与实践 (8)：106-109.

孙海法，刘运国，方琳，2004. 案例研究的方法论 [J]. 科研管理，25 (2)：107-112.

孙礼照，1990. 我国农产品蛛网模型发散分析 [J]. 管理世界 (5)：124-129，217.

孙立彬，2016. 上海生鲜乳按质论价体系的发展与启示 [J]. 中国乳业 (4)：21-24.

唐江桥，雷娜，徐学荣，2011. 我国畜产品价格波动分析：基于 ARCH 类模型 [J]. 技术经济，30 (4)：86-91.

庹国柱，2000. 新中国奶业五十年回顾与前瞻 [J]. 首都经济贸易大学学报 (1)：56-60.

王阿娜，2012. 浮动汇率制下农产品价格波动分析 [J]. 农业经济问题 (5)：95-100.

王刚毅，王孝华，李翠霞，2018. 养殖资本化对生猪价格波动的稳定效应研究：基于中国面板数据的经验分析 [J]. 中国农村经济 (6)：55-66.

王晶晶，董晓霞，王川，2019. 恒天然竞拍价格与全球乳制品价格的传导关系分析 [J]. 价格月刊 (3)：1-7.

王晶晶，钱小平，陈永福，2014. 我国生猪产业链价格传递的非对称性研究：基于门限误差修正模型的实证分析 [J]. 农业技术经济 (2)：85-95.

王利君，花俊国，2015. 奶农倒奶：中国奶业为什么又遇寒冬？[J]. 中国奶牛 (10)：45-50.

王朋吾，2017. 基于 GARCH（1，1）模型的粮食市场价格波动溢出效应比较 [J]. 统计与决策 (16)：138-141.

王少芬，赵昕东，2012. 国际农产品价格波动对国内农产品价格的影响分析 [J]. 宏观经济研究 (9)：81-86.

王威，尚杰，2009. 乳制品安全事故："信任品"的信任危机 [J]. 社会科学家 (4)：48-51.

王威，杨敏杰，2009. 奶农与乳品加工企业的利益分配问题：一个契约视角的分析 [J].
  科技与管理，11 (3)：67-69，73.

王秀东，刘斌，闫琰，2013. 基于 ARCH 模型的我国大豆期货价格波动分析 [J]. 农业技
  术经济 (12)：73-79.

王玉庭，杜欣蔚，王兴文，2018. 中美贸易战对我国奶业的影响 [J]. 中国乳业 (8)：14-16.

卫龙宝，王倩倩，王文亭，2018. 我国奶业演化动力、机制与路径研究：一个演化经济学
  分析框架 [J]. 农村经济 (6)：38-42.

卫龙宝，王倩倩，2018. 进口奶粉价格对我国原料奶价格的影响：基于 VAR 模型的实证分
  析 [J]. 中国畜牧杂志，54 (1)：134-137.

卫龙宝，张菲，2012. 我国奶牛养殖布局变迁及其影响因素研究：基于我国省级面板数据
  的分析 [J]. 中国畜牧杂志，48 (18)：52-56，61.

魏秀芬，郑世艳，赵宇红，2013. 乳制品进口对我国乳业发展的影响及有关政策建议 [J].
  中国奶牛 (12)：1-5.

魏艳骄，李翠霞，朱晶，等，2016. 我国奶牛养殖业市场价格风险评估研究 [J]. 价格理
  论与实践 (2)：141-144.

魏艳骄，朱晶，2019. 乳业发展的国际经验分析：基于供给主体视角 [J]. 中国农村经济
  (2)：115-130.

魏艳骄，2018. 中国乳制品进口贸易对国内乳业发展影响研究：基于供给主体视角 [D].
  南京：南京农业大学.

巫国兴，1997. 我国农产品价格波动研究 [J]. 农业经济问题 (6)：18-23.

吴海霞，王静，Rausser, G，2013. 原油、玉米、燃料乙醇市场波动溢出效应分析 [J].
  中国农村经济 (2)：71-82.

吴海霞，王静，2012. 我国粮食市场价格波动溢出效应研究 [J]. 农业技术经济 (14)：
  14-21.

肖小勇，李崇光，李剑，2014. 国际粮食价格对中国粮食价格的溢出效应分析 [J]. 中国
  农村经济 (2)：42-55.

肖小勇，章胜勇，2016. 原油价格与农产品价格的溢出效应研究 [J]. 农业技术经济 (1)：
  90-97.

徐媛媛，王传美，李剑，2018. 能源市场与玉米市场间价格溢出机制研究：基于三元 VEC-
  BEKK-GARCH (1, 1) 模型 [J]. 中国农业大学学报，23 (5)：168-177.

严哲人，徐媛媛，肖小勇，等，2018. 国内外原料奶市场价格溢出效应研究：基于滚动协
  整与 BEKK—GARCH 模型 [J]. 农业现代化研究，39 (1)：113-121.

杨朝英，徐学英，2011. 中国生猪与猪肉价格的非对称传递研究 [J]. 农业技术经济 (9)：
  58-64.

易丹辉，2008. 数据分析与 EViews 应用 [M]. 北京：中国人民大学出版社.

于爱芝，杨敏，2018. 农产品价格波动非对称传递研究的回顾与展望 [J]. 华中农业大学
  学报 (社会科学版) (3)：9-17，152.

于爱芝，郑少华，2013. 我国猪肉产业链价格的非对称传递研究 [J]. 农业技术经济 (9)：

35 - 41.

于海龙，吴静，张瑞娟，2018. 生鲜乳价格波动、倒奶杀牛与奶业调控政策研究 [J]. 华中农业大学学报（社会科学版）(1)：65 - 72.

余洁，韩啸，刘芳，等，2014. 我国生鲜乳价格波动周期分析：基于 X12 季节调整和 H - P 滤波模型 [J]. 中国奶牛 (18)：30 - 33.

张春丽，肖洪安，2013. 我国不同规模生猪养殖户数量波动与价格波动的相关性分析 [J]. 中国畜牧杂志，49 (12)：3 - 7.

张利庠，2009. 利益联结机制：中国奶业发展的症结与出路 [J]. 中国奶牛 (11)：7 - 12.

张少军，2013. 外包造成了经济波动吗：来自中国省级面板的实证研究 [J]. 经济学（季刊），12 (2)：621 - 648.

张溯，2009. 练好行业内功，发展现代奶业：访中国奶业协会秘书长魏克佳 [J]. 中国食品 (4)：18 - 21.

张喜才，张利庠，2010. 原料奶价格形成机制的特征、模式与政策建议 [J]. 中国乳业 (4)：74 - 77.

张晓峒，2007. EViews 使用指南与案例 [M]. 北京：机械工业出版社.

赵涤非，杜晓旭，王月玲，2016. 粮食价格非对称性传导：基于阈值非对称误差修正模型的实证研究 [J]. 价格月刊 (3)：17 - 23.

赵留彦，王一鸣，2003. A、B 股之间的信息流动与波动溢出 [J]. 金融研究 (10)：37 - 52.

郑军南，2017. 我国奶业产业组织模式的演化及其选择：理论与实证研究 [D]. 杭州：浙江大学.

郑少华，赵少钦，2012. 农产品价格垂直传递的非对称问题研究 [J]. 价格理论与实践 (9)：56 - 57.

中国奶业协会，2019. 中国奶业白皮书：中国的奶业 [M]. 北京：中国农业出版社.

中国农业经济学会委托课题组，2012. 农产品价格波动：形成机理与市场调控 [J]. 经济研究参考 (28)：28 - 37.

中荷奶业发展中心，2017. 中国奶业白皮书 2016 [M]. 北京：中国农业出版社.

周晶，张科静，丁士军，2015. 养殖规模化对中国生猪生产波动的稳定效应研究：基于省际面板数据的实证分析 [J]. 江西财经大学学报 (1)：84 - 94.

周宪锋，朱香荣，花俊国，2008. 基于供求弹性角度的原料奶生产影响因素的实证分析 [J]. 中国农村经济 (7)：73 - 80.

周晓辉，邓郁，岳坤，2015. 河北省奶牛养殖小区转型升级研究 [J]. 合作经济与科技 (22)：25.

朱思柱，2014. 大豆进口对中国种植业的影响研究 [D]. 南京：南京农业大学.

Algieri B，2013. A Roller Coaster Ride：An Empirical Investigation of the Main Drivers of Wheat Price [J]. Discussion Paper No. 176，Center for Development Research (ZEF)，Bonn.

Apergis N，Rezitis A N，2003. Agricultural Price Volatility Spillover Effects：The Case of Greece [J]. European Review of Agricultural Economics，30 (3)：389 - 406.

Aradhyula S V, Holt M T, 1988. GARCH Time – Series Models: An Application to Retail Livestock Prices [J]. Western Journal of Agricultural Economics, 13 (2): 365 – 374.

Assefa T T, Meuwissen M P M, Oude Lansink A G J M, 2013. Literature Review on Price Volatility Transmission in Food Supply Chains, the Role of Contextual Factors, and the CAP's Market Measures, Working Paper No. 4, ULYSSES project, EU 7th Framework Programme.

Assefa T T, Meuwissen M P M, Oude Lansink A G J M, 2015. Price Volatility Transmission in Food Supply Chains: A Literature Review [J]. Agribusiness, 31 (1): 3 – 13.

Beck S E, 1993. A Rational Expectations Model of Time Varying Risk Premia in Commodities Futures Markets: Theory and Evidence [J]. International Economic Review, 34 (1): 149 – 168.

Bergmann D, O' Connor D, Thümmel, A, 2015. Seasonal and Cyclical Behaviour of Farm Gate Milk Prices [J]. British Food Journal, 117 (12): 2899 – 2913.

Bobenrieth E, Wright B, Zeng D, 2013. Stocks – to – Use Ratios and Prices as Indicators of Vulnerability to Spikes in Global Cereal Markets [J]. Agricultural Economics, 44 (s1): 43 – 52.

Bollerslev T, 1986. Generalized Autoregressive Conditional Heteroskedasticity [J]. Journal of Econometrics, 31 (3): 307 – 327.

Bórawski P, Gotkiewicz W, Dunn J W, et al, 2015. The Impact of Price Volatility of Agricultural Commodities in Poland on Alternative Incomes of Conventional, Ecological and AgritourismFarms [J]. Athens Journal of Business and Economics, 1 (4): 299 – 310.

Brümmer B, Korn O, Schlüßler K, et al, 2016. Volatility in Oilseeds and Vegetable Oils Markets: Drivers and Spillovers [J]. Journal of Agricultural Economics, 67 (3): 685 – 705.

Brümmer B, Korn O, Schlüßler K, et al, 2013. Volatility in the After Crisis Period – A Literature Review of Recent Empirical Research. ULYSSES project, EU 7th Framework Programme, Project 312182 KBBE. 2012. 1. 4 – 05.

Buguk C, Hanson H T, 2003. Price Volatility Spillover in Agricultural Markets: An Examination of U. S. Catfish Markets [J]. Journal of Agricultural and Resource Economics, 28 (1): 86 – 99.

Chen R, Zapata H O, 2015. Dynamics of Price Volatility in the China – U. S. Hog Industries [R]. Southern Agricultural Economics Association's Annual Meeting, Atlanta, Georgia.

Choudhry T, 2000. Day of the Week Effect in Emerging Asian Stock Markets: Evidence from the GARCH Model [J]. Applied Financial Economics, 10 (3): 235 – 242.

Dahl R E, Oglend A, 2014. Fish Price Volatility [J]. Marine Resource Economics, 29 (4): 305 – 322.

Dahl R E, Jonsson E, 2018. Volatility Spillover in Seafood Markets [J]. Journal of Commodity Markets (12): 44 - 59.

Dean G W, Heady E O, 1958. Changes in Supply Response and Elasticity For Hogs [J]. Journal of Farm Economics, 40 (4): 845 - 860.

Deaton A, Laroque G, 1992. On the Behaviour of Commodity Prices [J]. The Review of Economic Studies, 59 (1): 1 - 23.

Dewi I, Nurmalina R, Adhi A K, et al, 2017. Price Volatility Analysis in Indonesian Beef Market [R]. 2nd International Conference on Sustainable Agriculture and Food Security: A Comprehensive Approach, KnE Life Sciences, 403 - 420.

Du X, Yu C L, Hayes D J, 2011. Speculation and Volatility Spillover in the Crude Oil and Agricultural Commodity Markets: A Bayesian Analysis [J]. Energy Economics, 33 (3): 497 - 503.

Ellinger A D, McWhorter R, 2016. Qualitative Case Study Research as Empirical Inquiry [J]. International Journal of Adult Vocational Education and Technology, 7 (3): 1 - 13.

Engle R F, 1982. Autoregressive Conditional Heteroscedasticity with Estimates of the Variance of United Kingdom Inflation [J]. Econometrica, 50 (4): 987 - 1008.

Engle R F. Kroner K F, 1995. Multivariate Simultaneous Generalized ARCH [J]. Econometric Theory, 11 (1): 122 - 150.

Engle R F, Lilien D M, Robins R P, 1987. Estimating Time Varying Risk Premia in The Term Structure: The ARCH - M Model [J]. Econometrica, 55 (2): 391 - 407.

European Commission, 2009. Historical Price Volatility. Directorate L. Economic Analysis, Perspectives and Evaluations, L. 5. Agricultural Trade Policy Analysis.

FAO, IFAD, IMF, et al, 2011. Price Volatility in Food and Agricultural Markets: Policy Responses.

Feng L, 2017. The Feasibility Analysis and Scheme Design of Raw Milk Price Index Insurance in China [J]. Archives of Business Research, 5 (11): 147 - 158.

Figiel S, Hamulczuk M, 2010. Measuring Price Risk in Commodity Markets [J]. Olsztyn Economic Journal, 5 (2): 380 - 394.

Fisher A C, Hanemann W M, Roberts M J, et al, 2012. The Economic Impacts of Climate Change: Evidence from Agricultural Output and Random Fluctuations in Weather: Comment [J]. The American Economic Review, 102 (7): 3749 - 3760.

Frigon M, Doyon M, Romain R, 1999. Asymmetry in Farm - Retail Price Transmission in the Northeastern Fluid Milk Market [R]. Food Marketing Policy Center, Research Report No. 45.

Fuller F, Huang J, Ma H, et al, 2006. Got Milk? The Rapid Rise of China's Dairy Sector and Its Future Prospects [J]. Food Policy, 31 (3): 201 - 215.

Gardebroek C, Hernandez M A, 2012. Do Energy Prices Stimulate Food Price Volatility? Examining Volatility Transmission Between US Oil, Ethanol and Corn Markets. Paper prepared for the 123rd EAAE Seminar，Dublin.

Gilbert C L，2010. How to Understand High Food Prices［J］. Journal of Agricultural Economics，61（2）：398－425.

Gilbert C L，2006. Trends and Volatility in Agricultural Commodity Prices. Agricultural Commodity Markets and Trade：New Approaches to Analyzing Market Structure and Instability（1）：31－60.

Gilbert C L，Morgan C W，2010. Food Price Volatility［J］. Philosophical Transactions of the Royal Society B：Biological Sciences，365（1554）：3023－3034.

Glosten L R，Jagannathan R，Runkle D E，1993. On the Relation Between the Expected Value and the Volatility of the Nominal Excess Return on Stocks［J］. The Journal of Finance，48（5）：1779－1801.

Goodwin B K，Holt M T，1999. Price Transmission and Asymmetric Adjustment in the U. S. Beef Sector［J］. American Journal of Agricultural Economics，81（3）：630－637.

Goodwin R M，1947. Dynamical Coupling With Especial Reference to Markets Having Production Lags［J］. Econometrica，15（3）：181－204.

Granger C W J，1969. Investigating Causal Relations by Econometric Models and Cross－Spectral Methods［J］. Econometrica，37（3）：424－438.

Griffith G R，Piggott N E，1994. Asymmetry in Beef，Lamb and Pork Farm－Retail Price Transmission in Australia［J］. Agricultural Economics of Agricultural Economists，10（3）：307－316.

Haile M G，Kalkuhl M，Braun J，2014. Inter－and Intra－Seasonal Crop Acreage Response to International Food Prices and Implications of Volatility［J］. Agricultural Economics，45（6）：693－710.

Harri A，Hudson D，2009. Mean and Variance Dynamics between Agricultural Commodity Prices and Crude Oil Prices［R］. Economics of Alternative Energy Sources and Globalization：The Road Ahead meeting，Orlando，FL.

Hodrick R J，Prescott E C，1997. Post－War U. S. Business Cycles：An Empirical Investigation［J］. Journal of Money，Cred it and Banking，29（1）：1－16.

Huchet－Bourdon M，2011. Agricultural Commodity Price Volatility：An Overview［M］. OECD Food，Agriculture and Fisheries Papers，No. 52，OECD Publishing，Paris.

Jesness O B，1958. Changes in the Agricultural Adjustment Program in the Past 25 Years［J］. Journal of Farm Economics，40（2）：255－264.

Kaldor N，1934. A Classificatory Note on the Determinateness of Equilibrium［J］. Review of Economic Studies，1（2）：122－136.

Kalkuhl M，Von Braun J，Torero M，2016. Food Price Volatility and its Implications for Food Security and Policy［M］. Switzerland：Springer International Publishing.

Kavoosi－Kalashami M，Kalashami M K，2017. Price Relationships and Spillover Effects of Price Volatilities in Iran's Rice Market［J］. International Journal of Agricultural

Management and Development，7（4）：429 - 438.

Khan M A，Helmers G A，1997. Causality，Input Price Variability and Structural Changes in the U. S. Livestock - Meat Industry［R］. Western Agricultural Economics Association Meeting. Reno，Nevada.

Kinnucan H W，Forker O D，1987. Asymmetry in Farm - Retail Price Transmission for Major Dairy Products［J］. American Journal of Agricultural Economics，69（2）：285 - 292.

Lahiani A，Nguyen D K，2013. Understanding Return and Volatility Spillovers Among Major Agricultural Commodities［J］. The Journal of Applied Business Research，29（6）：1781 - 1790.

Lamoureux C G，Lastrapes W D，1993. Forecasting Stock - Return Variance：Toward an Understanding of Stochastic Implied Volatilities［J］. The Review of Financial Studies，6（2）：293 - 326.

Lamoureux C G，Lastrapes W D，1990. Heteroskedasticity in Stock Return Data：Volume Versus GARCH Effects［J］. The Journal of Finance，45（1）：221 - 229.

Ledebur O V，Schmitz J，2012. Price Volatility on the German Agricultural Markets［R］. Dublin：123rd EAAE Seminar.

Lu Y，Yang L，Liu L，2019. Volatility Spillovers Between Crude Oil and Agricultural Commodity Markets Since the Financial Crisis［J］. Sustainability，11（2）：396.

Matthews A，2010. Perspectives on Addressing Market Instability and Income Risk for Farmers［R］. Joint AES and SFER conference on The Common Agricultural policy post 2013，Edinburgh.

Minot N，2014. Food Price Volatility in Sub - Saharan Africa：Has it Really Increased?［J］. Food Policy（45）：45 - 56.

Mitchell R，Bernauer T，1998. Empirical Research on International Environmental Policy：Designing Qualitative Case Studies［J］. The Journal of Environment & Development，7（1）：4 - 31.

Mitra S，Boussard J M，2012. A Simple Model of Endogenous Agricultural Commodity Price Fluctuations with Storage［J］. Agricultural Economics（43）：1 - 15.

Muth J F，1961. Rational Expectations and the Theory of Price Movements［J］. Econometrica，29（3）：315 - 335.

Natcher W C，Weaver R D，1999. The Transmission of Price Volatility in the Beef Markets：A Multivariate Approach［R］. American Agricultural Economics Association Annual meeting，Nashville，TN.

Nazlioglu S，Erdem C，Soytas U，2013. Volatility Spillover between Oil and Agricultural Commodity Markets［J］. Energy Economics（36）：658 - 665.

Novakovic A M，2009. Changes in the Farm Price of Milk Over the Last 100 Years. Cornell Program on Dariy Markets & Policy，Briefing Paper Number 09 - 1.

O' Connor D, Keane M, Barnes E, 2009. Measuring Volatility in Dairy Commodity Prices [R]. 113th EAAE Seminar A resilient European Food Industry and Food Chain in a Challenging World, Chania, Crete, Greece.

Onour I A, Sergi B S, 2012. Wheat and Corn Prices and Energy Markets: Spillover Effects [J]. International Journal of Business and Globalisation, 9 (4): 372 - 282.

Pindyck R S, Rubinfeld D L, 2018. Microeconomics (Ninth Edition, Global Edition) [M]. Pearson Education.

Powner L C, 2015. Empirical Research and Writing: A Political Science Student's Practical Guide [M]. Thousand Oaks, CA: SAGE Publications.

Qian G X, Guo X C, Guo J J, et al, 2011. China's Dairy Crisis: Impacts, Causes and Policy Implications for a Sustainable Dairy Industry [J]. International Journal of Sustainable Development & World Ecology, 18 (5): 434 - 441.

Rahayu M F, Chang W, Anindita R, 2015. Volatility Analysis and Volatility Spillover Analysis of Indonesia's Coffee Price Using Arch Garch, and Egarch Model [J]. Journal of Agricultural Studies, 3 (2): 37 - 48.

Rezitis A N, 2003. Mean and Volatility Spillover Effects in Greek Producer - Consumer Meat Prices [J]. Applied Economics Letters, 10 (6): 381 - 384.

Rezitis A N, 2003. Volatility Spillover Effect in Greece Consumer Meat Prices [J]. Agricultural Economics Review, 4 (1): 29 - 36.

Rezitis A N, Reziti I, 2011. Threshold Cointegration in the Greek Milk Market [J]. Journal of International Food & Agribusiness Marketing, 23 (3): 231 - 246.

Rezitis A N., Stavropoulos, K. S, 2010. Modeling Beef Supply Response and Price Volatility Under CAP Reforms: The Case of Greece [J]. Food Policy, 35 (2): 163 - 174.

Santeramo F G, 2015. On the Composite Indicators for Food Security: Decisions matter! [J]. Food Reviews International, 31 (1): 63 - 73.

Santeramo F G, Lamonaca E, Contò F, et al, 2018. Drivers of Grain Price Volatility: a Cursory Critical Review [J]. Agricultural Economic (Czech Republic) (64): 347 - 356.

Sarker R, Oyewumi O A, 2015. Trade Policy Change and Price Volatility Spill - Over in a Customs Union: A Case Study of Lamb Trade between Namibia and South Africa [J]. International Journal of Food and Agricultural Economics, 3 (1): 63 - 76.

Serra T, 2011. Food Scare Crises and Price Volatility: The Case of the BSE in Spain [J]. Food Policy, 36 (2): 179 - 185.

Serra T, Gil J M, 2012. Price Volatility in Food Markets: Can Stock Building Mitigate Price Fluctuations? [J]. European Review of Agricultural Economics, 40 (3): 507 - 528.

Serra T, 2011. Volatility Spillovers Between Food and Energy Markets: A Semiparametric Approach [J]. Energy Economics, 33 (6): 1155 - 1164.

Shively G E, 1996. Food Price Variability and Economic Reform: An ARCH Approach for

Ghana [J]. American Journal of Agricultural Economics, 78 (1): 126 – 136.

Sims C A, 1980. Macroeconomics and Reality [J]. Econometrica, 48 (1): 1 – 48.

Tadesse G, Algieri B, Kalkuhl M, et al, 2014. Drivers and Triggers of International Food Price Spikes and Volatility [J]. Food Policy (47): 117 – 128.

Tsay R S, 2010. Analysis of Financial Time Series, Third Edition [M]. John Wiley & Sons, Inc., Hoboken, New Jersey.

Vavra P, Goodwin B, 2005. Analysis of Price Transmission Along the Food Chain [M]. OECD Food, Agriculture and Fisheries Papers, No. 3, OECD Publishing. Paris.

Wang J, Chen M, Klein P G, 2015. China's Dairy United: A New Model for Milk Production [J]. American Journal of Agricultural Economics, 97 (2): 618 – 627.

Wright B D, 2014. Data at Our Fingertips, Myths in Our Minds: Recent Grain Price Jumps as the 'Perfect Storm' [J]. Australian Journal of Agricultural and Resource Economics, 58 (4): 538 – 553.

Wright B D, 2011. The Economics of Grain Price Volatility [J]. Applied Economic Perspectives and Policy, 33 (1): 32 – 58.

Wright B D, Williams J C, 1982. The Economic Role of Commodity Storage [J]. The Economic Journal, 92 (367): 596 – 614.

Wright B D, Williams J C, 1984. The Welfare Effects of the Introduction of Storage [J]. The Quarterly Journal of Economics, 99 (1): 169 – 192.

Wu F, Guan Z, Myers R J, 2011. Volatility Spillover Effects and Cross Hedging in Corn and Crude Oil Futures [J]. The Journal of Futures Markets, 31 (11): 1052 – 1075.

Yang J, Haigh M S, Leatham D J, 2001. Agricultural Liberalization Policy and Commodity Price Volatility: A GARCH Application [J]. Applied Economics Letters, 8 (9): 593 – 598.

Yin R K, 2014. Case Study Research: Design and Methods (5th ed.) [M]. Thousand Oaks, CA: SAGE Publications.

Zakoian J M, 1994. Threshold Heteroskedastic Models [J]. Journal of Economic Dynamics and Control, 18 (5): 931 – 955.

Zheng X, Pan Z, Zhuang L, 2019. Price Volatility and Price Transmission in Perishable Commodity Markets: Evidence from Chinese Lychee Markets [J]. Applied Economics Letters, 27 (9): 1 – 5.

Zheng Y, Kinnucan H W, Thompson H, 2008. News and Volatility of Food Prices [J]. Applied Economics, 40 (13): 1629 – 1635.